科文工商管理经典文库

管　理　系　列

科文图书

Creating the Innovation Culture

唱反调的是好员工

营造创新型企业文化

[美] 弗朗西斯·赫瑞 (Frances Horibe) 著

燕清联合　译

中国劳动社会保障出版社

著作权合同登记号：图字 01－2004－4925 号
图书在版编目（CIP）数据

唱反调的是好员工：营造创新型企业文化/（美）赫瑞（Horibe，F.）著；燕清联合组织翻译．—北京：中国劳动社会保障出版社，2004
（科文工商管理经典文库·管理系列）
书名原文：Creating the Innovation Culture
ISBN 7－5045－4697－6

Ⅰ．唱…　Ⅱ．①赫…　②燕…　Ⅲ．企业文化　Ⅳ．F270

中国版本图书馆 CIP 数据核字（2004）第 093308 号

中国劳动社会保障出版社出版

中国劳动社会保障出版社出版发行
（北京市惠新东街 1 号　邮政编码：100029）
出版人：张梦欣
*
北京科文剑桥图书有限公司承销
（北京安定门外大街 208 号三利大厦　邮政编码：100011）
购书热线：010－64203023
*
北京民族印刷厂印刷装订　新华书店经销
787 毫米×960 毫米　16 开本　12 印张　208 千字
2005 年 1 月第 1 版　　2005 年 1 月第 1 次印刷
定价：28.00 元
读者服务部电话：010－64929211　发行部电话：010－64911190
出版社网址：http：//www.class.com.cn

推荐序

看完全书，掩卷沉思，不禁为作者对组织如何营造创新的文化氛围所选取的角度惊叹。

自上个世纪 70 年代企业文化的功效被发现后，企业文化创新的浪潮席卷了全球。大企业期待能用企业文化强化现有的竞争优势、引领企业永续经营；中小企业期望企业文化能改变整个工作氛围，进而帮助其深拓市场。正所谓期望值越大，失望值也越高一样。那些集中资源进行文化创新的企业，历经辛苦的努力后，更多的却尴尬的发现自己又回到了出发的原点。一切看起来和原来没有什么不同，人们依然采取旧有的行为方式对待新出现的事物。

为什么付出艰辛努力的文化创新，结果却打了水漂？问题到底出在哪里？

当我们都承认创新的重要意义却迷失于如何实现一个更具创新能力的企业时，赫瑞给我们指出了一条可行的途径。

如何帮助企业培育一种文化氛围，使创新因为有了这样的氛围而得以孕育生长是本书的焦点所在。围绕这个焦点，赫瑞在创新与改进、异议与冲突管理之间做了很好的阐述，她指出了现有的企业如何妨碍了创新，什么样的工作方式才是创新的方式，如何去培育创新性的文化氛围。

在赫瑞看来，创新就是对传统假设和运作方式的质疑。许多企业都通过不断挑战自己的经营规范来使自己变得更加精明强干。但由于企业文化将所有人的注意力过分集中在一个统一的目标上，因此企业会错过革新的时机，这时就需要那些不受企业文化影响和束缚的勇敢的异议者站出来，帮助企业减少这种危险的存在。那么如何识别异议者？如何管理和培训异议者？如何保护异议者？如何有效地将异议者的创意导入现实？如何在这场革新的行动中保护异议者和自己？如何孕育能容忍异议者的环境？这些管理人员忽略或一直苦恼的问题，每天都在企业中重复发生着，通过阅读这本书，你可以发现大量具有实操性的建议。

更具有实践和理论意义的是，赫瑞指出了很多现实管理中的悖论，比如，如何在效率和创新之间保持平衡？如何在忠诚和异议之间保持平衡？如何在执行力和创新力之间保持平衡？这些观点和事实不仅对实操界应该很有启发，而且会冲击学术界的传统思想，促使其对理论进行更深入的思考。

在阐述每个观点的时候，赫瑞都不断地抛出一个又一个对企业来说关键而又扰人的问题。比如关于质量、效率和创新，赫瑞提到创新是未来企业致胜的一个关键因素，也不否认效率和质量的重要性。但企业如何才能在保证效率和质量的同时，还能保持创新的活力？如何才能达到三者之间的平衡？意犹未尽的解答看来并不能满足读者的胃口，却也引导您持续思考。

与别的企业文化创新书籍不同的是，作者是从实际问题中去探讨而不是从逻辑角度去论证自己的管理思想，也因此整本书充满了生动有趣的案例，而读者，也能更愉悦、轻松地欣赏赫瑞的观点。

阅读完本书，你会发现对如何培育富有创新精神的文化氛围有了一个全新的视角。

陈春花
华南理工大学工商管理学院教授
博士生导师

目录
CONTENTS

第1章 为什么异议对创新很重要

组织没有创新的原因在于他们没有认识到：创新从本质上说会对原有模式产生颠覆性作用。这种颠覆性表现为异议——由那些希望与人们普遍接受的方向背道而驰的人提出的异议。组织不应压制异议，而是应该鼓励人们表达自己的不同意见。本章讲述为什么鼓励异议在创新过程中具有重要的地位。

抵制创新

如今，想要取胜，我们不仅需要专心致志地朝着一个目标努力，并且还要同时留意下一个制胜目标；虽然从某种意义上说效率和创新相互对立，但是两者我们都需要。组织在这样做的时候会遇到一些麻烦，不仅是因为他们的效率驱使力在作怪，也由于他们本身会抵制新事物。美国电话电报公司不能预见到未来的手机市场；通用公司花了三年时间来证明晶体管无效，只是因为真空管（晶体管的前身）曾是他们最有利可图的产品。这些公司并非无能，也并非目光短浅，他们只是在理解创新的基本原理方面存在问题——许多组织都通过不断挑战自己的经营规范来使自己变得更加精明强干。那么谁才是与经营规范契合最紧密的呢？根据伦敦商学院（London School of Business）的教授加里·哈默尔（Gary Hamel）的看法，他们应该是那些“经验种类最少，以前的投资最大，而且最尊重行规的人。①”也就是高级管理人员。这群人应该积极推进创新，正如我们在前面的章节讨论过的那样，无论是培训结果还是他们秉性即是如此，当他们看到这一点时，他们中的大多数人却都没有意识到这一点。因此，公司需要的是就那些敢于面对权威说实话的人。

---

① 《哈佛商业评论》(1996年7－8月刊)，第74页，加里·哈默尔所写的《战略革命》(*Strategy as Revolution*)。

面对权威说实话

公司需要那些坚持自己想法的人。《经济学家》曾指出大多数具有突破性创新的成功都来自于“那些不计个人得失，拒绝放弃与众不同奇特想法(pet idea)[①] 的人。”在这里我们要提两个公司——3M 公司和通用公司——他们似乎都具备让员工面对权威说实话的能力。

3M 公司出产的新雪丽保温材料（Thinsulate）是一种超薄又非常保暖的产品。你冬天戴的手套可以用它作为内衬。这个产品是 3M 公司的一个巨大成功，但 3M 公司的首席执行官却对人们说，他曾先后 5 次试图阻止这个产品的问世。请想一想在一个什么样的公司里才会发生这种事呢？首先，它必须是一个允许你不断地对你的上司说“你错了”的地方。在多数组织里，你只有一次机会去说明一个创意。如果你没成功，那么这个创意就完了。不仅如此，如果你想再重提这个想法，你得到的回答肯定是“你对‘不’这个字眼有什么不理解的吗?”但是 3M 公司却创造了在那里允许人们坚持的一个环境。并且不仅如此，想一想如果一个首席执行官可以告诉人们他的无能，他曾阻止了一个成功的项目，那么就可以肯定，在那里的确存在着这样的一种企业文化。从表面看起来，这说明一个首席执行官可以接受他自己不是最终决策人的事实，但我认为这更可以说明他知道他会有犯错误的时候，他需要他周围的人来指出他的错误。在大多数公司中没有标准的做法。这是一种对体制和高级经理们在公司中所扮演的角色完全不同的观点。

通用公司也拥有类似的能力。《财富》专栏作家托马斯·斯图尔特(Thomas Stewart）曾将通用公司的部分成功归功于员工们敢于指出上司的错误。他们有一个流程叫群策群力。员工们可以在任何没有经理参与的情况下召开一个会议来讨论某个问题。一旦他们得出了结论，应对此负责的经理就必须当场对建议做出响应。这一光荣传统已经被坚持了许多年，它教会了员工应该说出他们的想法，即使这会挑战传统意义上的高级管理人员的权威。它是通用公司企业文化的一个重要组成部分，在通用的每一项经营业务中都会指派一名叛逆者——这也是电子经济时代的狂热之处——他向负责经营业务的首席执行官汇报，并有权打破除公司价值以外的一切制度。

罗纳德·海费茨（Ronald Heifetz）是世界上在领导力方面最主要的权威

---

① 《经济学家》(1999 年 2 月 20 日)，第 14 页，丹尼尔·雷恩所写的《工业中的创新调查》（*A Survey of Innovation in Industry*）。

人物之一，同时也是哈佛大学领导力培养课程的主任，他认为大声地说、大胆地说是创新得以实现的根源。“多数公司都会对冲突过敏……但冲突是创造力和创新力的原动力。当人们面对镜子中的自己时，他是学不到任何东西的，只有当面对不同的事物时他才会学到新东西。因此只有与勇气肩并肩手拉手，我们才能具有平息冲突、奏响冲突之曲的勇气。①”企业文化应较好地将创新定位成鼓励、教会员工去挑战这种假设：即最好的员工将是孤独的。

授予那些面对权威说实话的人以荣誉

我们讨论在创新过程中所存在的问题时，引用“敢于指出上司的错误”作为答案，这个回答很好，但当你真的想这样做时，它就成另一回事了。被免职的宝洁公司首席执行官德克·雅格（Durk Jager）虽然也知道“想要创新，你就必须抛开规范。你就要成为叛逆者或是不遵守常规的人。②”但是，众所周知，他最终还是没能成功地做到。因此，如果你的确想创造一种企业文化，希望人们在那是可以大声说出实话，那么，你又应该从何下手呢?

在每一个组织中都会有一些人想告诉你：“你错了。”他们就是那些所谓的麻烦制造者、有远见的人和那些异议者。使你的组织走上创新之路的一个重要方式就是向那些天生就敢于面对权威说实话的人授予荣誉，即便与他们打交道会让人觉得很困难。但索尼、微软、北电网络和惠普公司都发现这样做的确可以带来回报。

正如你所知道的那样（如果你家附近有一个十几岁的男孩，你肯定就会知道），索尼的电子游戏机1和2在孩子们中最受欢迎。游戏开头会告诉我们倾听那些使别人悲伤的人说话的重要性。官久多良木健（Ken Kutaragi）是索尼的一名员工，在20世纪80年代的某一天，他与他的女儿正在玩任天堂（Nintendo）（顺便提一下，它可是索尼的劲敌）。他发现这个产品比索尼数字视频芯片要好得多。所以他开始与任天堂公司秘密地进行协商。正如预料的那样，他的上司知道后暴跳如雷。但是当时他有一位有远见的支持者，

---

① 《快速增长公司》(*Fast Company*) 杂志（1999年6月），第132页，威廉姆·C·泰勒（William C. Taylor）合写的《未来领导者》(*The Leader of the Future*)。

② 《财富》(1999年4月26日)，第149页，卡特里娜·布鲁克（Katrina Brooker）所写的《宝洁能够改变企业文化以保持其市场份额并在下一个时代大潮中生存下来吗?》(*Can Procter & Gamble Change Its Culture*, *Protect Its Market Share and Find the Next Tide*?)

即当时的总裁（现在的首席执行官和主席）罗里欧·奥格哈（Norio Ogha）帮他平息了这场风波，并任命他继续开发这一项目。最后，官久多良木健与任天堂之间的协商虽然彻底泡汤了，但是他却说服了索尼公司开发他们自己的视频游戏设备，尽管大多数人认为它不是索尼公司一贯主张开发的那种高端的、且十分复杂的工具。

微软也有过相同的经历。一方面，它呼吁“为了实现统一的理想，建立一支目标单一化的、强有力的队伍。”① 另一方面，它又说如果当你与比尔·盖茨（Bill Gates）讲话时，你比他的嗓门还大，你就会被授予一枚荣誉奖章。虽然我对此也有一些疑惑，这是不是在说嗓门最大的人就一定是位很好的创新发明者呢，但微软总裁斯蒂夫·巴尔默（Steve Ballmer）这样解释道：“避免一般性的礼仪有助于使你迅速切入中心话题，盖茨喜欢职位低的员工对他提出挑战，并且你知道，当员工情绪激动提高嗓门解释时，说明他对你很尊重。”②

北电网络在某个研发过程中取得了一个重要的阶段性胜利，这应归功于一位顽固的制度破坏者。北电网络起步时只是一家电话公司的研究机构，但现在已经成长为一名通讯业的巨人，并威胁着朗讯和思科的霸主地位。当它首次涉足光纤光学电缆领域时，它决定将研发中的一个主要部分承包给一家日本公司。鲁道夫·克里格勒博士（Rudolph Kriegler）作为当时的北电网络的一名科学家强烈地反对这项决定，并且为此与他的总经理进行了激烈地争论。克里格勒受到批评并被要求遵守公司所做的决定。然而他却悄悄组织了一个小组并对已经承包的部分进行研发。当最后的关键时刻来临之际，正如克里格勒预料的那样：日本公司没能如期交货。当北电网络的声誉和跨入新领域的机会都危在旦息之时，克里格勒用他已经研制出来的设备使得北电网络免于此劫。为表彰克里格勒所做的贡献，公司任命他为北电研究院院士，在公司历史上只有三个人获此殊荣。

过去，惠普也曾表彰过那些敢于面对权威说实话的人。戴维·帕克特（David Packard）曾将一枚奖章授予了一位名叫查克·豪斯（Chuck House）的叛逆者，“他轻视并且挑战工程师的常规职责”。帕克特不顾惠普的命令，

---

① 《新闻周刊》（*Newsweek*）（2000 年 5 月 8 日），第 36 页，莱维·史帝芬（Levy Steven）所写的《企业家乔尔·克莱恩》（*Joel Klein*，*Enterpreneur*）。

② 《组织动态学》（*Organizational Dynamics*）第 30 页，（2000 年冬），乔治·戴斯（Gregory G. Dess）所写的《21 世纪的领导能力》（*Leadership in the 21st Century*）。

毅然辞去工作，致力于一项新显示技术的研究，最后事实证明这是一项在收益上获得了巨大成功的技术。最近，惠普公司意识到要想引领新产品、新服务和经营的新方式就必须接纳新思想。为了达到这样的目标，惠普公司正试图重新捡起它支持叛逆者的老传统。

一项对在美国、加拿大、欧洲和中东地区处于领先地位的组织进行的研究显示，虽然“创新者表面上像是‘麻烦制造者’，但实际上他们是组织最宝贵的资源。[①]”组织开始明白想要建立一种能够产生创造与维持创新的企业文化，第一步就是倾听那些不愿遵守组织规定的人的心声。

异教徒、麻烦制造者、还是其他的什么

本书把敢于面对权威说实话的人称为异教徒和叛逆者。因此，我们就用这样一种称号来概括这样一种现象。

坚持推行一种新思想或指出事情不对的地方，这些在本质上并不都有利于组织活动。虽然它可能是一种“远见”的表现，但这种说法却让我想起了一个古老的笑话。“今天，我不具备远见，所以他们没有雇佣我。但五年之后，如果我具备了远见，他们就会把我留下。”我不认为“远见”是对这种现象最好的解释。你可能知道公司的发展方向，但除非你推动公司向着那个方向前进，否则什么结果都不会发生。虽然有一个伟大的奇思妙想可能称得上是有远见，但却不能帮助实现创新，虽然它是创新的一个重要组成部分。

“麻烦制造者”也是另一种可能性，我这里所说是那些当权者眼中的麻烦制造者。但他们也未必都是创新者。他们可能也只是些麻烦制造者。我们将在下一章讨论如何分辨出那些有用的麻烦制造者，但从总体上说，我认为我们应该丢开那种观念，认为只要是推行新思想的人就一定是想找麻烦的人。“革命”是一种可能性，但对于大多数经理来说，这个字眼都会引起他们的惊慌。此外，这种说法也是不准确的。这些人最可贵的价值在于他们不是想弄垮制度。他们只是想借这样的机会引起大家对这个问题的注意，从而使事情变得更好。他们只想修补而非颠覆。

---

① 罗斯·伊安（Rose Ian）所写的《重视知识资本：一项总结报告》（*Valuing Intellectual Capital: A Summary Report*）（IBR Consulting Services Ltd，1997）。

"异教徒"，好吧，也许，虽然它在最初有将一切烧毁的意思，但在如今的组织里这种解释就远不如过去那样行得通了。

我所认为的对这个词的最好的解释是来自于政界和宗教界的"异议者"。一名异议者即使面对权威也永远会说实话。这里既有宗教上的异议者，也有政治上的异议者，如反战者，只要他们对现行制度存有异议，他们的身影就无所不在。异议者有着光荣的传统。在历史上的许多领域中，异议都导致了许多重大事件的发生。在今天的环境下，不论你对联盟的看法如何，我们都亏欠那些在二三十年代牺牲的人，正是由于他们才使得我们认为我们有权力工作在一个安全的环境中，或者因此我们的孩子才能学习而不是被迫工作。在某领域中，我们甚至在制度上也拥有异议者。高级法院和其他级别的法院审判长会公开人们对大多数判决所持的异议，人们也对此早已习以为常。在英国教会传统统治下，非执政党被称为忠诚的反对党。这些都是使民主更加完善的不可或缺的结构上的组成部分。

异议推动了我们社会中的许多重要的发展进程，因此，甚至是在管理的环境中，我认为我想谈论的正是有着"异议者"这种称号的人。

如何通过授予异议者荣誉来帮助创新

授予异议者荣誉可以从两个方面帮助创新。首先，一个团队或公司的文化不会过度地影响异议者。虽然这样的做法会使他们不易相处,[①] 但有研究显示这种类型的人也会由此而变得更加富于创新性。如果你总是忽略，或能够抵制组织中那些试图让你保持与常规一致的做法，那么你就更有可能看到某些新机遇。由于组织文化将所有人的注意力过分集中在一个统一的目标上，因此组织会错过革新的时机，而异议者就能帮助组织减少这种危险的存在。

其次，研究表明由于有异议者的存在，一个团队的思想会更加趋于完善。如果异议者倾向于对别人的观点提出挑战，那么他们就会提出一些更新颖的创意。虽然这些都很重要，但还是能经常听到大家对异议者的不满。我

① 提示：只是从他与他的上司之间的关系角度讲，他作为一名异议者会不易相处，这并不代表他与同事或家庭的关系也如此。有时，异议者的特质及做法只是相对于权威而言的。

们有许多方式除掉那些被认为是眼中钉的人。我们可以阻碍异议者发表言论。不仅如此，更微妙的，也是更危险的一种方法就是给予他们心灵上的打击。“他又来了！”我们悄声地叹了口气，并且做好了不接受任何想法或建议的准备。一名异议者，只有当他认为他自己得到了重视时，他才会不断地帮助一个团体迸发出更好的创意。

非常有意义的是，在培育更独立的思想和尽量减少受团队思维模型影响方面，异议者不需要一贯正确。事实上，他可能是完全错误的，但他们刨根问底，要求别人对此做出回应就已经足够激励别人提出更好的创意。研究显示，即使只有一名异议者，他也完全可以打破大多数人摇摆不定的思维模式。

异议者就是通过这种方式来帮助组织变得更富有创新性。他们可能自己本身就有好的创意，并且他们会倔强固执地坚持他们的想法。或者，他们会强迫别人不断地质疑他们自己提出的创意或做事的方法。不论他们采用哪种方式，异议者都是组织最宝贵的财富。他们有能力不受组织文化的影响和束缚。他们就是那群不会说谎的孩子，他们会说出实话：“皇帝没有穿衣服。”

人们看不到不同之处

心理学家布伦纳和包斯特曼（Bruner and Postman）曾做过一个非常有趣的实验，它说明想要看到事实与我们预想之间的不同是多么的困难。在实验中，他们只将纸牌在很短的时间内出示给实验对象，然后要求实验对象识别纸牌。许多纸牌都是正常的，但其中加杂了几张反常的牌，例如，可能是一张黑桃4。

其结果是，即使在纸牌的出示时间最短时，实验对象都可以一下识别出正常的纸牌。另外在没有任何迟疑的情况下，他们一下就确定了他们心里认为的那些反常的纸牌。不过黑桃4可能会被当做红桃4或其他黑桃的纸牌。

但当纸牌出示的时间延长了，实验对象却开始犹豫不决。他们虽然清楚某些纸牌的确有些不同，但他们就是不能确定那些就是反常的纸牌。随着时间的延长，大部分参与者都没法说“就是那张黑桃4”，但是当出示正常的纸牌的次数达到40次时，他们连10%以上的正常纸牌都没法识别，甚至由于实验对象过度留意反常纸牌，造成了他们情绪上的低落。

> 所以，人们在看到新事物时都会遇到困难，那么看到创新就会更难，而有效地运用创新就是难上加难。由此可见，我们需要那些人，他们天性就愿意尝试那些没人做过的事。

冲突管理与异议管理

人们也许会问“异议是不是就是对冲突的另一种解释？它是不是就像是用一张旧羊皮换了一件新羊毛大衣?”我可不这么认为。对于我来说，冲突是一个总称，它包括任何事，从个人的冲突到对组织方向问题的本质上的反对。作为经理们，他们根本不去区分这两种情况之间的不同；而是试图将它们一并消灭。他们之所以这样，从某种程度上讲，是由于我们没有一个词来区别健康的冲突与不健康的冲突。

不健康的冲突可能来自人与人之间的问题，它会阻碍最佳解决方案的产生。我不喜欢你，不是因为你有更好的解决事情的方法，而是因为你用轻视的态度对待我的想法。冲突管理就是关于“尽管你不喜欢我，我也不喜欢你，但我们需要在一起工作。”从组织将冲突最小化这方面来说，这种做法不仅非常有价值，并且也是必要的。但是异议管理指的是倾听那些有关价值、战略和战术方面有价值的信息，即便有时人们用于传达这些信息的方式是消极的。它是指如何在鼓励公开表达异议和允许存在无政府状态之间寻求平衡点。组织既需要忠诚地追求目标，也要对那些孤单的声音敞开大门，听他们说“你现在所走的方向是错误的。”

什么时候异议有用

异议可以通过许多方式帮助组织变得更高效、更富有创新性。

放弃一个错误/过时的想法

一家公司正被另一家公司收购。收购方名为“勇敢新世界”，被收购一方名为“市场份额”。收购方认为被收购一方的产品与自己的产品之间存在互补关系。他的计划是购买“市场份额”，然后向顾客交叉出售，从而两家的产品都得到增值。当“勇敢新世界”将一笔丰厚的收购金摆在“市场份额”的所有者面前时，收购很快就开始进行了。然而，“市场份额”的几个人坚持说“勇敢新世界”的产品与他们的并不存在互补性，相反，两者构成了竞争关系。“勇敢新世界”想通过交叉出售达到目标增长率的策略注定会失败。因为两家的产品都是面向相同的有限顾客群。然而，这些人却被认为是在找麻烦、目光短浅、是出于维护自己圈子的目的才故意这样说的。所以这些人受到了压制。

每个人都投入到了收购的准备工作中——当两家公司的顾客清单和经营战略放在一起的时候——事情变得清楚明了了，这时这次行为的所有策划者才意识到那几个异议者是正确的。但到了这时，收购已经被大张旗鼓地向双方的董事会宣布了。红利分发和信誉评级也都已经成功地完成了。由于异议者已经受到了压制，所以再没有人对这项交易提出反对，虽然每个人都知道这对双方都没有好处，但它还是继续进行了下去。

这种沉默的阴谋比想像中发生的还要频繁。但一位有远见的领导人和一种强烈的会得到一致同意的假定会使人们保持沉默，并且会由此带来灾难性的后果。

异议者可以阻止你走上一条最终会以失败告终的道路。他既会指出想法本身存在的错误，也会指出想法实施过程中的错误。经理们通常会对异议者感到不自在，因为从表面上看，他减缓了事情进展的速度。但是进入市场的速度并不像赛跑一样，需要你尽可能地快——它需要的是你应朝着正确的方向前进。如果每个人都不想往这个方向走，那么即使到达了那里也没有任何意义。

如果组织想具备迷途知返或者在几个月或几天内放弃即将实行的策略的能力，甚至想在特殊情况下让这种能力成为一种普遍接受的看法，组织中就需要有人在认为组织存在方向性错误的情况下，大胆地向组织指出这个错误。

获得隐性知识

管理组织的知识已经变得日益重要。知识一般分为两类——隐性知识和显性知识，显性知识是指记录在工作流程、政策手册，以及实务规范上的——任何属于公共范畴内的知识。隐性知识则是存在于每个人脑海中的知识。它既不能被制成公文（比如，你安慰焦虑不安的上司时所用的技巧），也不能被解释为任何显性知识。就拿预算过程来说，这个过程是可以记录的，但在这个过程中所运用的机动性原则却是隐性知识的范畴。据专家估计，大约有 80% 的知识都是隐性知识。

像这种情景我们一定经常看到，当一个项目小组决定是否进行一项风险投资时，许多成员都摇头说："我认为它不可行。"而项目经理却早已跃跃欲试，迫不及待地想要迎接这个新挑战，得到这样的回答无疑是当头一棒，心里一定就像吃了酸葡萄一样难受。可是有时，在"不可行"这一答案的背后也隐藏了巨大的财富，它就是经过多年经验累积而得到的隐性知识，人们根据这些隐性知识来判断什么可行、什么不可行，以及如何进行风险投资。如果压制了异议者，那么就再也没有人能将这种至关重要的知识带到桌面上来了。

了解真正问题

异议者不仅使人们了解隐性知识，他们还可能通过类似的方式帮助我们了解真正的问题所在。很明显，美国前总统吉米·卡特（Jimmy – Carter）厌恶摆姿态、不停地争论和相互间的讨价还价，尽管它们都是内阁会议的一部分。但这种异议会提示我们什么才是真正的原因。例如，一位异议者对一项议案提出反对，并说它会带来灾难性的后果。虽然其他人并不认为这项议案会带来如何可怕的后果，但这位异议者还是坚持他的说法。最后，当事情还是没能如他所愿的时候，他摇了摇头说道："我真不知道我的人会怎么想……这已经是我第三次失败了。"对了，这就是问题所在。他担心的是他在他的群体中的信誉度，至少这是他反对的部分原因。

虽然人们可能会争论说这个异议者不应该考虑他个人的声誉，但事实却是，无论这项决定会带来什么样的正面效果，这些都不是他所关心的问题，他都会强迫自己提出反对意见。异议者能帮助我们识别真正的原因，并且想办法去解决它，而不是被那些表面的现象所迷惑。

摆脱错误思路

组织就如同人和社会一样，也会产生错误的思路。这些思路也有一种平衡，并且这种平衡很难被推翻。想一想电脑键盘，当第一台手动打字机问世时，字母和数字的位置就已经确定了。如果键盘是根据字母顺序排列的话，那么许多常用的字母就会经常一起使用（如 bed）。如果一个打字员打得很快，还没等一个键打到纸上并回到它原来的位置时，第二个键就已经被按下去了，这时打字机的键就会出现混乱的状况。为了避免这个问题，人们就发明了目前所使用的 QWERTY 键盘，它将几个常用的键彼此分离。多伟大的发明，在当时它的确很实用，但现在它却一点用都没有。因为事实上，QWERTY 键盘增大了学习使用键盘的难度。但是我们已经陷进了这种错误思路中，想要改变它，我们还需要付出巨大的努力。

组织也存在同样的问题。我所知道的一家历史悠久的公司就曾为此做过苦苦的挣扎。虽然当时大家都承认问题只是暂时的，市场最终会纠正它自己的错误，但在短期内，这个公司还是会面临一场灾难。有一位有影响力的高级管理人员积极支持用削减雇员来解决公司所面临的困境。他明确地表达了此举的必要性，并使大家明白这是在迫不得已的情况下必须采取的行动。由此，人们也纷纷认为这一决定是大胆的、有远见的，并且还提出了一些其他类似于大幅减员的方案。

但是，另一位高级管理人员看到这种情景却深感苦恼，他请人力资源部调查公司在历史上所用的解决逆境的方法。他们找到当公司处于大萧条时的资料，并发现在整个大萧条时期，公司都没有解聘一名员工。而是通过降低薪金、缩短工作时间、也减少其他福利待遇等办法，但没有一个人丢掉过工作。

当这些资料摆在大家面前时，几位一直沉默的经理终于开口说话了。这个大萧条时期的故事提醒了他们，作为一家公司他们所应承担的责任，他们的公司将这个传统保持了许多年，即使在逆境中他们也会和员工站在一起。通过把现在与他们自己的历史和传统联系起来，他们最终才有了摆脱错误思路的能力，减员不是惟一的选择。

然而，要不是那名异议者指出了他们错误的思路，他们是不能这样做的。有时，同意，以及没有异议是组织中存在的主要问题。

是不是所有的异议者都会不顾一切地横冲直撞

从管理的角度说，当你在读这本书时，你背上的汗毛可能都会竖起来了。即便你同意异议者会为创新做出宝贵的贡献，但你也害怕他们会不顾一切地横冲直撞，造成混乱，并且最重要的是害怕他们会造成组织的瘫痪。另外，你可能认为你还得容忍他们不断地逼迫你吐露真实想法，听他们不停地抱怨组织中的种种弊端，但对此你又无法一一进行改善。

这几点提得很好。当然，你容忍多少异议取决于你的经营类型。军队机构和教会容忍异议的程度会小得多，而有些领域，如新闻和学术界则早就有了这样的传统，为那些不愿受规则束缚的人提供发表异议的空间。以上引用的例子表明了一个组织在鼓励异议的同时也能够实现它所追求的目标。我们并不是要对那种无政府状态敞开大门，因为异议实际上是用一种合算的、实惠的催生创新的方式。

虽然正如我们以前所讲的那样，做到这一点并不容易。经理们需要考虑组织中那些有关异议的不成文的规定。但是由此所带来的回报也是可观的。即便这些有着伟大创意的人不具备处理办公室政治和处理人际关系的技巧，也应为这些人创造一种适应他们生存发展的环境，因为他们会为组织未来的成功做出杰出的贡献。我们将在下一章中进一步阐述这方面的内容。

概　要

一位精明的首席执行官曾这样说：“我对信使敞开大门——因此我才拥有他们。”不允许异议存在的组织也在无形之中灭杀了创新的萌芽。只有当吸气和呼气变得相同时，异议和创新才会对立。你吸气是为了呼气。同样，你允许异议的存在是为了催生创新。

要　点

- 面对权威说实话是创新文化的一个重要组成部分。
- 经理们可能害怕异议会带来混乱，但是其实在欢迎异议的同时，也同样能够保持前进的步伐。

第2章 为什么异议会被压制

> 异议者不会总是束缚自己来迎合经理们的口味。一个组织不可能只鼓励异议存在于某个许可的范围内。异议需要自由流淌。

介　绍

有一次，当我在一个会议发言时，有人给我讲了一个故事，他觉得这是个不错的关于管理知识工作者的故事。但在我看来，它更像是关于管理异议者的。

他过去曾在一家经营亚洲业务的期货公司工作。那里的经纪人每天都要起大早查看东京证券交易所公布的外汇开盘价格，然后才能开始工作。由于一天的工作既漫长又繁忙，所以员工中旷工和缺席的情况十分严重。鉴于该种情况，一位经理就向董事会建议布置一间“休息室”，里面就摆几个沙发，再放上点音乐，当员工觉得疲劳的时候能在那儿睡上几个小时。但董事会却对这个建议嗤之以鼻。他们觉得毕竟这样的工作强度也不是一天两天了，经纪人们还是能继续忍下去的。

但是，这位经理还是按他的想法布置了一间“休息室”。当然了，当经纪人们得知他们可以有个地方休息一下、打个小盹儿，而不用非得用逃避的方式来缓解疲劳的时候，旷工率几乎下降到了零。这时董事会也看到了效果，明白了这个想法的价值并且又下令布置了几间同样的“休息室”。但是他们却解雇了这位经理，原因是他不服从命令。

事后看起来，他们解雇这位经理的决定实在是太愚蠢了。首先，这位经理可能还有其他关于创新的想法，但董事会却再也没有机会听到了。另外，也是最重要的一条，董事会通过这样的举动向组织中其他成员传递了一种信息，即不论最后公众呼声如何，他们都不欢迎创新。

然而，虽然我认为这是个愚蠢、目光短浅的决定，但我暗自里却有些同情董事会。如果每个人都可以随意忽视上级对他下的命令，那么你还怎么管理这个组织？如果没人服从命令你的组织还怎么能有所作为呢？虽然我不认为这家公司在解决这些问题上效率很高，然而他们使用的却是一种尽管繁琐，但却是正宗的管理模式来解决问题。我们有着一种传统，认为组织中只可以有少数的几种思维方式、只能由少数几个人来做出决定，并且会惩罚那些由于思维方式不同、所做出的不同决定的人。事实上，在 20 世纪初，管理学大师弗雷德里克·泰勒（Fredrick Taylor）就曾着重指出："所有可能的脑力劳动都会从商场的货架上消失。"①

如果下级对于一系列命令提建议会被视为是有碍生产、暗示不满、对高级管理人员形成威胁的行为，因为批判性思考与批判是同义词。所以不足为奇，经理们会发明出一套相当老练的技巧来压制住任何形式的思维暗示——如不赞成、不同意或异议。事实上，以当今的理念来判断，要是他们不是过去一贯如此的话，人们才会对此惊讶不已。

压制异议的几个阶段

不幸的是，虽然我们如今已经知道压制异议不仅是错误的，而且还会对组织产生破坏作用，但是就像我们在例子中所看到的那样，在管理者的脑海里，那种对于命令不容置疑的想法是如此地根深蒂固，使得以此为中心所形成的管理方法变得坚不可摧。这种传统已经成为了组织文化中一项不可或缺的部分，使我们对此早已变得习以为常、熟视无睹了。尽管如此，它还是会对组织产生巨大的影响。组织通常会采取几个非常标准的方式来压制异议。我打赌，你肯定会从下面所举的几个阶段中认出几个：

第一阶段：争论

在第一阶段中，我们假设异议者是个愣头青，并且他有义务服从"合理"的决定。那么你就可能会听到这样的争论：

"这行不通。"

---

① 《华尔街日报》（*The Wall Street Journal*），（1999 年 2 月 26），托马斯·派辛格（Thomas Petzinger Jr）所写的《一种经营本质的新模式：它如真存在！》（*A New Model for the Nature of Business: It's Alive!*）。

“老板是不会同意的。”

“这和我们的一贯做法不符。”

“事情原来的样子就很好。”

第二阶段：充耳不闻

如果异议者执迷不悟地坚持他的观点，虽然事态还会控制在礼貌的阶段，但其中也会掺杂一些微妙的信息。

“嗯，这点你已经和我们说过了，其他人还有没有不同的建议呢?”

“谢谢你的见解。”

“也许你应该把它写下来，这样我们能更清楚地了解你的意思。”

第三阶段：讥讽

在事态到达这一阶段之前，大多数的成员就已经意识到他们应该偃旗息鼓了，但还是有一部分人就是执迷不悟，仍然坚持他们的看法，因此就落得被奚落的结局。

“这是你的爱好是不是？什么时候你也停停，也该换别人上场了?”

“如果你真的这么聪明，你怎么没成富翁?”

“我能不能给你点零钱，你打电话找个爱听的人说去?”

你可能已经注意到了人们不再谈论那些实质性问题，例如，异议者的想法在实施上会存在许多困难、会带来诸多不便或存在一定风险等等。通常，也正是由于异议者的想法会造成困难、不便或风险，才会诱发这样一个过程的开始。在这个阶段，重心已由异议者的想法转移到了异议者本身。重点已不再是讨论这个想法是否可行，而变成了对异议者的人身攻击。

第四阶段：忽视

如果奚落还不奏效的话，当权者就会开始使用一些计策。虽然他们嘴上不说，但他们已经开始意识到如果这位异议者还有一丝敏感甚至是风度的话，他早就不该继续烦他们了。因此，他们开始动用重型武器——沉默。当异议者开口时，没人接茬；当谈话再次继续时，大家就装作好像异议者没开过口。如果异议者提出抗议或仍坚持看法，他就会得到下面的回答：

"我们以前已经讨论过这个了，我想听新的想法。"

"我们今天不打算讨论你要谈的话题，也许下次吧。"

虽然在前几个阶段，人们在说话时还刻意保持中立，但现在言外之意已经很明显了。不断转动的眼球，已经说明了一切。

第五个阶段：视而不见

到了这个时候，有些异议者仍然搞不清状况。尽管周围的气氛已经变得越来越不友好，他们还在坚持。周围不友好的气氛已经升温了。不仅老板拒绝与他继续就他的观点进行辩论，而且许多可笑的事也接踵而来。不知怎么的，异议者的名字从通讯簿中消失了，重要会议的请柬也迟迟送不到他们的手里。在没他们参与的情况下决定就已经做了。一切都好像他们已经从这里消失了。

第六个阶段：禁止

对于一些异议者来说，"忽视"并不能使他们放弃。那么这时真正的重型武器就出场了。如果异议者继续推销他那不受人欢迎的观点，最后就会有人将他拽进一个房间说：

"你应该关心的是分配给你的工作，而不是那些你想做的事。"

"别再推销你的观点了，这是浪费别人的时间。"

"我不许你再推销你的观点了。"

第七个阶段：除掉异议者

如果局面已经到了这个地步，双方就开始公开宣战了，他们已经不再注重什么会有利于公司，关心的只是获胜。并且我们只要想想整个世界的运用方式就会明白，强势永远都在职务高的那边。如果异议者忽视以前那些命令，那么任何事都有可能发生。

"我觉得你的能力达不到这个职位的要求，你到 M 区去做文案工作吧。"

"你现在到鲍勃那里报到吧，他会听你的任何想法。"

"有人将被裁员，我很遗憾这个人就是你。"

“在这个组织中已经没有你的位子了。”

听着耳熟是吗？你可能至少经历过第一个阶段。如果你挺过来了，甚至还过的不错，那么说明你比其他的异议者更清楚——总有一天你还会卷土重来。这种处理办公室政治的理念是有道理的。因为你不可能影响一个根本不想接受你的观点的组织。

然而，存在于组织与创新方面的问题就是这样，在初期，整个事情的运作会因为创意而停下来，却又因为把异议者看做是麻烦员工而重新运作起来。因此，创意的价值被埋没在了不同意愿之间的争斗之中，进而，潜在创新也被埋没在了对其他问题的纠缠之中。虽然丧失一个创新并没有多可怕，但是让人毛骨悚然的是这样的想法：一个发展完善的组织就是一个压制创新的地方。

为什么会有异议者

为什么组织中会有异议者？正如你所看到的那样，人们讨厌异议者，并且他们也没从中得到什么实惠。他们还得忍受人们那种态度以及对待他们的方式，那是种现代式的躲避。

那又为什么会在宗教和政治领域也存在异议者呢？如果从这个角度看，我们就更容易理解组织中的异议者了。在近一百年以前，人们不能轻易改变国籍和宗教信仰，并且有时这些做法都是不可能的。如果有人试图这样做，那么等待他的下场可能不是死刑就是终身监禁。就是因为你不能改变，所以你只能选择屈服或提出异议。

然而，在当今的社会中却不是这样的。当大声讲出他的观点和离开这个组织这两种选择变得同样容易时，人们选择了前者，这就是为什么组织中会存在异议者的原因。有些人可能出于对个人原因或职业的牵挂、项目安全的考虑、甚至就是出于顽固的秉性，但是我认为其中必然还有另外一个因素，那就是希望这个组织越来越好。无论人们对异议多么厌烦，或者异议者表达异议的方式多么拙劣，异议都应该得到尊重。

同意与异议

历史上充满了对异议的打压。在1797年，当爱德华·金纳（Edward Jenner）建议研制天花疫苗时，英国皇家学院（Royal Society of London）嘲笑他，并说他的建议是“与现有的知识如此不符，而且如此荒谬。”[①] 在19世纪50年代，维也纳大学的匈牙利医生伊格兹·赛麦尔维斯（Ignaz Semmelweis）发现医生用未经清洗的手为产妇接生是造成产后妇女感染的主要原因。为此，人们解雇了他。在1983年，巴里·马歇尔（Barry Marshall）就首次报告了他对于溃疡的感染原因的发现，但是他的同行们对此视而不见，直至1990年时，《国家调查者》（*National Enquirer*）得知了这个故事并将它公布于世。也就是这样一个小报，曾让你重新考虑米歇尔·菲弗（Michelle Pfeiffer）是否是真的被外星人绑架了，对吧？

甚至就连游戏机的发明者官久多良木健也曾因为极力要求人们采纳他的建议，而落得在索尼公司内无人理睬的地步。通往成功的道路是寂寞的。“我是个局外人”，官久多良木健说道：“我无家可归，索尼公司内部的人都恨我。”[②] 因此，当我们面对与我们的世界观不同的观点时，讥讽、忽视等等便成了我们常用的武器。

为什么会发生这样的事呢？为什么人们会倾向于压制异议、压制面对权威说实话的声音（尽管这种倾向会对组织有负面影响却还会继续实施）呢？

我为了写这本书曾经采访过一位高级管理人员，他给了我这样一条线索：“在做决定之前，我容忍异议，但是之后？”他摇摇头，“在决定做出之后，异议还是不服从。我不可能一面解决内部矛盾，一面经营一个组织。”

当我开始听到这一观点时，我想：“是啊，有道理。毕竟，你是要传递信息。”从直观上说，特别是在信息时代，经理人明白他们的效率在很大程度上取决于员工对决策的积极的赞同。如果没有心甘情愿地服从，管理成本就会很高。对此收税人员和军人都知道。如果大多数纳税人不情愿或不诚实纳税，那么征税成本就会远远超过征税所得。事实上（这可是我心里一个不轻易对别人说的小秘密，我现在拿出来与你分享），我曾在税务部门工作过，其中一条经验就是，如果人们纳税不是出于自愿，那么每收1美元的税就得花费1.05美元作为成本。征兵也是如此。只有当大多数公民情愿当兵时才成。甚至如果有一小部分人不愿意，就像在越南战争时期所发生的那样，不

---

① 《新闻周刊》（2000年11月27日），第66～67页，杰弗里·考利（Geoffrey Cowley）所写的《真正的奇迹》（*The Real Hot One*）。

② 《财富》（2000年9月4日），第176页，加里·哈默尔（Gary Hamel）《草根生长的力量》（*Driving Grassroots Growth*）。

论从金钱成本还是实施命令所耗费的社会成本来说，都是空前浩大的。

你也能从经验中得出这个结论。你有没有过这样一名下属，他不愿意做那些你让他做的事，最终会怎样呢？你不得不花费大量时间去督促、检查他的工作，以至于你都不能完成你自己该做的事。因为你不信任员工，他就会变成一种负债。因此，就是由于经理们知道员工积极的赞同是多么必要，所以他们得小心翼翼地警惕着任何可能预示异议的蛛丝马迹。

不仅如此，经理们还认为太多的异议——很多人有很多不同的想法——是一剂制造混乱的配方。一个不能下定决心的组织就是一个瘫痪的组织。你可能害怕自己也会陷入利维·施特劳斯（Levi Strauss）的处境中。前任财务总监乔治·詹姆斯（George James）发现："除非你能说服每个人，否则你就没有做决定的权威。"①

最后，虽然大多数经理们明白，从长期发展来看，与员工交流、说服员工会带来回报，但是他们就是有种种理由不去这么做。他们可能害怕会在员工中发现异议者。

但尽管如此，当我想得越多，我就越不能同意这位高级管理人员的话。

一方面，如果在做决定之前，自由、公开地讨论是有益的话，那么为什么之后人们就不能接受这种做法了呢？为什么之前讨论是有益的，而之后就变成服从是有益的？比如说你真的做出了一个错误的决定，难道你不需要周围的人，就像那个发明出新雪丽保温材料的家伙一样，无论你走出多远，他都会告诉你："你错了。"

"但是"，你可能会反对，"有多次了，只有得到了每个人的支持，即使不是最佳的决定，它也会取得成功。"的确是这样的。老型 Beta 制大尺寸磁带录像系统（Betamax）与家用录像系统（VHS）的市场之争就是一个例子。从技术角度讲，老型 Beta 制大尺寸磁带录像系统在录像方面更好，但家用录像系统却大获全胜。有了前车之鉴，你就想让每个人都尽力去实施一个决定，而不是光顾着说："这一决定一开始就是个错误。"我认为这种观点尽管有道理但会引发出一些其他具有挑战性的问题。

当经理说："我不可能一面解决内部矛盾，一面经营一个组织"时，他是对此做了两种假设：第一，异议对组织有破坏性、颠覆性的作用；第二，在异议者心中并没有把公司利益看得至高无尚。但是它们正确吗？

---

① 《财富》（1999 年 3 月 12 日），尼纳·蒙克（Nina Munk）所写的《利维怎么弄垮了一个优秀的美国品牌》（*How Levi's Trashed a Great American Brand*）。

在第一种假设中，如果是你不赞同一项决定，你会尽一切可能去阻止它的成功吗？伦敦商学院的管理学理论学家加里·哈默尔（Gary Hamel）可不这么认为："在那些传统的拥护者眼中被认为具有颠覆作用的事，在新思维的拥护者的眼中却是有启迪性的。"① 他指出，异议者会起颠覆性的作用，但他们的目的却不是颠覆。也许他们不遵守组织的规则，但这并不能说明他们就是想破坏那些已经建立起来的事业。新思维对现有思维体制有颠覆性，并且人们经常会把它看做是想要破坏组织目标的行为。

现在来说第二种假设，如果你对一家公司并不关心的话——那么当你想到它时，你也不会把它当回事。如果你真有某个邪恶的计划，并认为这家公司正走上一条错误的道路的话，你肯定会选择全力以赴地确保公司走上这条错误的道路，而不是提出反对意见，对吧？或者干脆选择离开②？为什么你要留下提出异议，为什么你会选择去承担那些由于与大家唱反调而带来的种种令人不快的结果呢？

然而，因为在大多数经理人的脑海中，异议与邪恶、破坏是同义词，所以他们害怕异议。并且，由于他们害怕异议，他们就会主动抑制任何异议的迹象，还由此形成了一种虽未阐明但却强有力地对预期的假设：只能允许100%的赞同。即使不赞同你也得假装赞同。这就导致了一种十分可笑的局面，即使有人不赞同某项计划时，每个人也都会在表面上表示赞同，并且他们的上司还对此心中有数。这符合逻辑吗？老板喜欢人们对他撒谎？我觉得这样做只有一种解释：经理压制异议是因为他们认为这种局面是二元的——即只有两个结果：100%的赞同或者混乱。如果你认为这里没有灰色地带，如果你认为你在两者中选择其一，不是让人们对你说谎就是让异议将组织陷入无政府状态，那么假装可能是最好的选择。

但是异议不是一种所谓的"开关"现象。它具有连续性——从对组织起到有益的作用到对组织产生分裂、破坏作用。我们知道在这中间的确会掺杂颠覆、怠工，但它们只是异议的一个极端。由于没有意识到异议是一个连续体，经理人就会在无意中埋没有用的异议，就会发生将孩子与洗澡水一起泼出去的现象。

---

① 《财富》(1995年10月2日)，第183页，马歇尔·洛布（Marshall Loeb）所写的《当揭发你的上司时》(*When to Rat on the Boss*)。

② 我发现，决定离不离开一个工作所要考虑的因素比选择提出异议所要考虑的因素多。

一个提出异议的原因

在组织的生命周期中有没有这样的时期，人们更能接受异议了或是不那么排斥异议了？卡格诺斯公司是一家世界上最大和最成功的智能软件公司，罗德·布联多（Rod Brandvold）是公司组织发展部的副总。据他推测，在组织的起步阶段，“另类文化”存在的空间可能会大一些。在初期，在一个组织文化还没有定型之前，人们可以容忍更大范围的行为差异，并且也会催生更多地创新。然而，当公司逐渐成长、变得越来越成功时，公司为了增强股东信心、树立其股市中稳健的形象，就会被迫抛开早期时允许员工自由发挥的方式，进而转向采用更成熟、负责、稳重的方式，并且或许沿着这条思路，有一天组织也会放弃那些发生奇迹的可能。

异议连续性

正如我所说的，异议的发展过程是一个连续过程，从最初帮助组织到后来对组织产生破坏作用。下图就显示了异议的四个相继阶段。

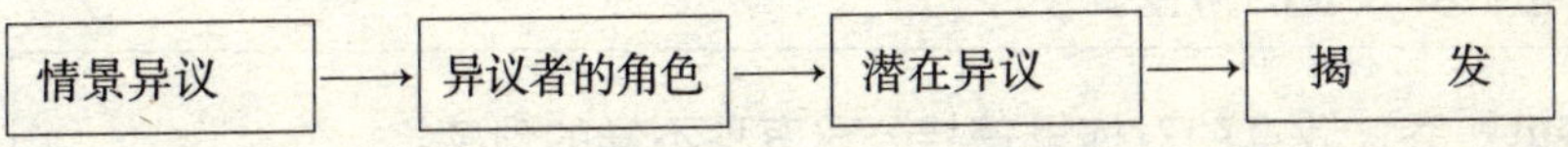

情景异议

情景异议是异议的第一个阶段，也是人们最能容忍的一种异议的类型。它是在某个特定环境下产生的。一名忠诚执行公司策略方针的员工，可能会发现自己在某个环节上与公司的策略产生了分歧。如果问题得到了解决，那么异议就会云开雾散。这个阶段可能看起来会是这样。

特里：嘿，乔，我想提点意见！

你：是吗？

特里：你不该让梅里芒特公司（Merrimount Corp）进入我们的客户数据库。

你：可我们是兄弟单位呀。

特里：但是我们同样是竞争对手。你有办法阻止他们抢占我们在14～18岁人当中的市场份额吗？

你：他们现在还没这么厉害吧！

特里：但是他们的架势说明他们好像想这样做。

你：真的？

从异议的观点来看，你如何解决这个问题不重要。你可以不让梅里芒特公司进入客户数据库，你也可以坚持你的立场。重要的是你听异议者说话。这不难，对吧？你可能每天都在这么做。大多数的经理都能处理好这个阶段上的异议。

异议者的角色

并非所有情景异议都这么容易解决。你可能认为特里的话不可靠。即便她的话句句属实，你也不同意她对未来所做的预测，或者就是没法按她的建议办。一旦上级对这些提出异议的员工扣上了一顶“胡说”的帽子，多数员工就会选择放弃。不过在你做出了决定之后，仍然会有人还会继续坚持他们的观点并担任异议者的角色。

特里：乔，我真的对梅里芒特公司有种不祥的预感。

你：你看，特里，这件事已经定了。就让我们抛开这个继续好吗。

特里：但是我跟你说，他们正准备抢我们的14～18岁的客户。我就是知道他们正打算这么做。让他们进入我们的客户数据库就等于引狼入室。

你：嘿，冷静点……这有点太戏剧性了，你不觉得吗？我是说从梅里芒特公司现在的所作所为来看，没有迹象表明他们正准备抢我们的市场。

特里：现在还没有。

你：那好，到他们有的时候再说。我们现在是在合作。

特里：但是到了他们采取行动的时候，我们就已经被动了。他们的经济实力很强，在这方面我们拼不过他们。

你：我们也许根本就用不着拼。

特里：我肯定我们会有这么一天的。我就是知道。

如果你曾与异议者打过交道，你就知道这个对话有可能会继续进行下去，并且谈得更深入。因为异议者看起来并不想只得到“不”作为他谈话的结果，那么你就会感觉陷入了没完没了、得不出结果的讨论之中。如果你总在原地转圈，你想结束这种情况并开始做点别的，这点是可以理解的。

但是如果特里是对的呢？在事情继续进行的同时，你不又想完全抑制她提的意见，你应如何做呢？下面我就来指导你如何去做。

潜在异议

在以前的两个阶段，异议让人们感觉既厌烦又沮丧，但在这个阶段，人们就不会有这个感觉了。潜在异议正如它的名字，是不公开表达的反对。在这个阶段里就会出现破坏和怠工的举动。

在前几个阶段没有得到有效处理的异议并不会消失。如果员工认为组织不欢迎不同的意见，他们就会用隐晦的方式表达异议。

你：特里，梅里芒特公司的比尔·帕克斯顿（Bill Paxtom）给我打电话了。很明显，他们在进入客户数据库方面遇到麻烦了。他们不断收到“乱码”。

特里：是吗？真糟，出什么事了。

你：你负责安排通路吧？

特里：当然，我猜是因为梅里芒特公司那帮人不会用。

你：比尔说他这两天一直在试图和你联络。

特里：我已经回了他的所有电话。联系不上不是我的错。

你：你能给他打个电话把这事解决了吗？

特里：当然，一定。

特里会给比尔打电话，但我猜她一定会在中午或下班后打，那时她只需留个口信“证明”她与他们合作的态度就成了。问题会得到解决吗？也许或者到最后会吧。但是只有你检查她的工作，并花许多时间来处理这件事，问题才会得到解决。

我们应该多给知识工作一些信任，这种工作完全产生于人们的头脑中，这种异议尤为危险。因此，尽管公开的异议让人厌烦，潜在的异议却更糟。

揭 发

一名员工可以把组织内部信息送到媒体、警察、任何他认为是合理合法的管理机构。当这种事发生时，即使从大的范围来说，它可能有利于公共利益，但无论如何它都会给组织带来致命的打击。揭发是异议的一种极端形式，很明显，揭发人是想用这种方式逼组织走一条它不愿走的路。我就不准备为这个阶段的情景提供对话了，因为一旦员工采取揭发的方式，你的法律和人力资源部门就会建议你该做什么，从严格意义上说，这已经不再属于管理的范畴了。

人总归是人，他不会按安排好的排序一步步地进行。在第二个阶段的异议者会在没有过渡的情况下直接跳到揭发这个阶段。或者她也许会选择干脆离开这个组织压根就到不了异议者那个阶段。然而，从整体上说，人们一般不会从情景异议直接过渡到揭发。大多数人也不会直接就从潜在异议这个阶段开始。通常情况下，他们走到这个地步，都是由于经理人处理公开异议的成效所逼迫的（我这样说是不是太大胆了）。

所以，结论是异议的发展具有连续性，会从最初的情景异议发展到最终的揭发。通常来说，如果组织对异议采用我们之前提到的某个或几个压制异议的策略，那么人们就是将异议顺着异议连续性推向下一个阶段。我们会在下面讲针对某几种异议所采用的策略。

当异议处于情景异议时，人们通常采用温和的制裁方式。然而，当异议升级时，制裁就变得越来越重要。有趣的是，大多数的制裁运用在第二阶段——即异议者的角色。实际上管理人员应该尽一切努力去保证异议公开，就好像他们不顾一切地压制异议一样。

所以异议不是二元的，而是一个继续过程。人们应该鼓励异议，因为异议能帮助实现源源不断地创新，但只有当异议在公开的情况下，它才能催生创新。如果你希望异议激发创新，你就必须努力让异议保持在前两个阶段。一旦异议进入了潜在异议或揭发阶段，那么异议潜在激发创新的能力就消失了，随之而来的是一系列的新问题。事实上，我敢打赌，如果你处在后两个阶段，你担心的就已经不是创新了，而是是否能继续留在组织中。

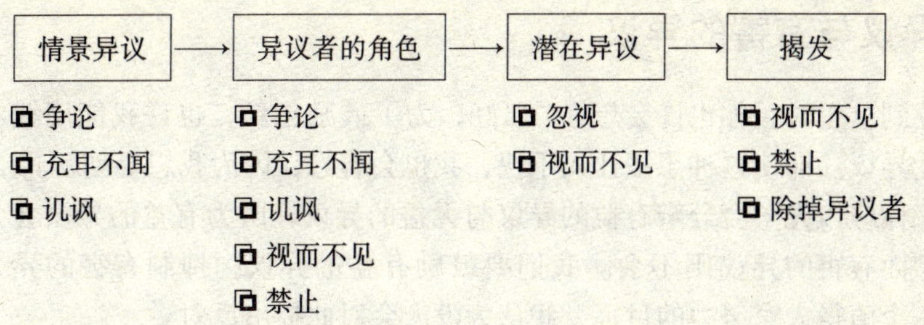

异议与办公室政治

异议让人感到不快，因为人们把它等同于公司政治——在组织生活中的另一个肮脏词汇。人们一直都想跨越公司政治，并且会谴责那些参与此事的人。我们可能认为如果没有它的存在，生活会变得轻松得多。

但是你知道吗？办公室政治同样也是一项激发创新的工具……因为参与办公室政治与参与创新一样主角都是人。如果创新者是位典型的快退休的、腼腆的人，那么事情就会很简单。[①] 因为他们只是用羞怯的声音提出他们的想法，稍微遭到反对，就会摇摇头并且说："不，我也觉得它行不通。"但是，参与办公室政治与创新的人却不会这样。创新者和异议者想要促成事情的产生，并且他们的这种动机会比任何人都强烈，他们争论、哄骗、背着你搞小动作，越级或者做任何可能的事。他们搞公司政治，无论是在这件事的过程中还是就这件事本身而言都会对组织起颠覆性作用。但是，公司政治也是一种在组织内部催生新方法、新观点的方式。

然而——这个词很关键——只有当办公室政治是公开的、正大光明的情况下，它才会有助于异议。如果它以地下的、不怀好意的方式出现，那它就是那种我们所害怕的、会带来起破坏作用的力量。有关这方面内容我们将在潜在异议一章中进行更多的讨论。

① 记住创新的定义很重要。创新通常指把一个创意改造成有价值的事物。一位发明者可能是位快退休的、腼腆的人，但这样的创新者却不多见。

有益的异议与有害的异议

当你读到这里时，你也许会想："那好，为了鼓励创新，也许我能用钱使人们接受异议。即使这种想法让人不快，我也会容忍，因为我想要创新。"

那么，你应该先学会分辨有益的异议与无益的异议，因为有益的异议会辅助创新，而有害的异议则不会。我们要鼓励有益的异议，抑制有害的异议。这是一个值得大家努力的目标，我认为没人会对此提出反对。

但问题是，如何做？我总结出一条方法，保证异议光明正大就会避免它所产生颠覆性的或徒劳无工的副作用。然而，如果你这样做了，你可能又想通过限制提出异议的话题来更进一步地限制异议所带来的副作用。开发产品、营销、市场以及客户服务，这些都是不错的创新目标，因此值得为它们去容忍一定程度的异议。那财务和人力资源呢？唔……你变得犹豫了。你真的会让人对你如何记账或者雇什么样的人指手画脚吗？但是这些方面也会存在创新的可能，因此也许你同样也应该让创新在这里发生。那好吧，但在组织的使命、远见和价值观这几方面绝对不能因异议而动摇，它们必须保持坚如磐石。

然而，历史却给了我们一些令人担忧的例子，讲的是一个永恒的使命是如何造成灾难的。让我来告诉你一个故事，也许听过后会让你重新考虑这个想法。它发生在很久以前，但我告诉你一个这样的故事是因为历史能给我们一个足够开阔的视角来对待长期的效果。

天主教和其他宗教一样，都是一些会引起组织研究兴趣的话题，因为它是一种纯粹形式的使命和价值观。它不创造产品或服务，因而就不需要把使命和价值观带入现实生活。它是被产品和服务放大了，并且延伸了的一种使命和一系列价值观。

20 世纪 60 年代是世界的一个动荡时期，天主教也未能幸免。当时，有一个主要的话题是围绕控制生育的，在 1968 年，罗马教皇的一项通谕规定禁止使用人为方法控制生育。考虑到教会对人类圣洁的核心信念，人们很容易看出，要想得出其他结论是那么难，并且几乎是不可能的。然而，决定看起来却引发了几个重要的结果的产生。

首先，在教会内部出现了反对派。并且许多激进的牧师和修女不是被赶了出去就是选择了自愿离开。由于内部的声音越来越微弱了，因此也损害了教会察觉社会关注的问题的能力，并且由此导致了教会结构上的僵化。

并且，一些仍然留在教会的牧师也不赞同这项裁决。记得我的一位朋友在这场争议的高峰期正打算结婚，那时他曾与教区牧师谈过话，内容是这样的。牧师对我的朋友说："我准备问你一个问题，但是我不希望你回答。"他重复声明，然后说："你会使用人工方法控制生育吗？"很明显，他被指示拒绝为任何回答"是"的人主持婚礼。为了表达他的异议，他虽然问了问题但却回避听到回答。他按照指示上的每个字去执行了，但执行的却不是它的精神。因此，甚至是由那些选择留下的人执行了教会的意图，这个意图也没有得到实施。异议进而转入到地下。

最后，即使当人工控制生育的方法被公开禁止了，许多教区居民还在继续使用。对任何组织来说，这一点都是非常危险的。由于坚持了某项被人们轻视、愚弄的政策，教会在无意中向人们传递了这样一种信息，即它的批示是可以被忽视的。人们学会了不听从它。这导致了牧师在社区中坚不可摧的、被普遍认可的权威地位受到了侵蚀。在没有缩小其他事业的情况下，教会在容忍异议方面所表现的无能成为直接原因，导致了20世纪60年代以后教会人数的骤然滑坡，以及教会在引导教会成员日常生活方面的软弱无力。

教会是不是当初应该改变它对控制生育问题的观点，从教会的最后影响力就可以得出答案，但这个无需回答的问题却令人沉思。我猜不应该，因为教会对这个问题的观点被看做是宗教信念体系中的基石。但是，教会不愿或没能力改变它的价值观和信念导致了人们在根本上减少了听从它的意愿。

让我强调一点，我并不是在对教会决定的对错发表评论，然而这却是一个有意思的现象——甚至在对某些对基础性问题的讨论中，如价值观，机构也会为保护自己而将异议推出门外，从这样的举动可以看出机构自身的软弱无能。

我现在回过头再来谈一谈异议是一元的问题。我们不能说："用脑子去工作，但是只在需要用它的时候用它。"所以你也不能只在产品而不是策略方面，或者只在营运而不是价值观方面支持创新。你必须在工作的方方面面都鼓励创新（异议也是同样）。

我既不认为异议有可能被包装成大事的样子，也不认为它有可能被包装成琐事的样子。也许只将精力用在那些有用的事上，这样会更有效率。但是你需要记住两件事。第一，提出这件事的人大概不认为这件事是琐事。并且他知道，他的观点可能是正确的。第二，也是最重要的，如果你在小事上都压制异议，人们还会为大事向你提出异议吗？他们的思路可能会是这样："好，他竟然为了复印机对我发脾气，真不能想像，如果我对分配流程提出问题的话，他会变成什么样。"

我现在开始认为异议需要一种类似最高指令的原则。如果你还记得的话，在《星空奇遇》(*Star Trek's*) 中，最高指令就是不许干涉其他文化的发展。他们发现，无论动机多单纯，干涉所产生的后果都是不能预测的，并且有时会带来灾难性的结局。所以他们选择什么都不做，而不去预测什么是有利的，什么是有害的。

异议也是如此。因为很难知道在什么地点什么时间适合提出异议，所以一条“异议最高指令”可能就会是这样：人们必须接受所有公开的异议并且不许压制它。

虽然在现实中这是不可能的。因为你总会有需要别人对某事集中精力，或者自己没时间讨论聚苯乙烯纤维的杯子是不是就是答案的时候。但是“异议最高指令”是要记在脑子里的事。所以，创新以及异议不能很轻易地就得到关注，对它们的鼓励可能就更需要尽快进行。

愚蠢的异议者

我能想像你肯定咕哝着：“如果我们讨论的都是那些有着伟大创意的人，那么鼓励异议完全正确，可是对于那些冒失者，我该怎么办呢?”我们都碰到过这样的人。热心肠、工作努力、热情、待人和气，但就是除非好创意主动找上他，否则他就是提不出来。不幸的是，这个世界上的冒失者总是看起来花了许多时间去琢磨他们的“好”创意。

人们很难应付这种没完没了、愚蠢的热情。但是你必须得这么做。不是为了那些冒失的人，而是为了组织中其他的人。如果其他人看见你对他发火了，他们不会知道你只是对他才这样。他们更可能会认为你是因为不喜欢新想法才这么做的。另外，甚至有些看似离谱的想法，却也能激发创新的火花。虽然与一位总有着一些不着边际想法的人打交道会让人感到很厌烦，但你还是得这样做。就像我的一位姑妈过去说的那样，要是那些“如果”和“并且”什么的就是坛坛罐罐的话，那还要修锅匠干嘛?（我知道，我不明白这些指的是什么。这话的意思是——如果你能像买坛坛罐罐那么容易地就得到那些跟在“如果”和“并且”之后的话，也就不需要修补锅的人，即修锅匠了。再想想，这也解释不通。我跑题了）

如果冒失者继续提出一些不切实际的想法，你可能就需要找他坐下来谈谈，确保他理解策略方针，明白你如何运用它们。这可能会有帮助，但是肯定不会伤害他，并且我认为你也需要尽可能地容忍冒失者的那些“伟大的”

异议。

你在支持异议方面的任务

从整体上说，我们的组织已经培育了一套有效、迅速的压制异议的运行机制。要使你的组织向一个对创新敞开大门的方向靠拢，你需要减少异议者为提出异议所付出的代价，并且增强异议者在自己不被同化的情况下有效提出异议、催生创新的能力。

你应该从下四方面开始进行。第一，你需要避免压制那些自然产生的异议。第二，你应该采用一种处理异议的方式，使人们在还敢继续大声说出实话的同时，又不阻碍实现你所制定的目标。第三，你应该让那些潜在异议重新公开。最后，你需要实施一种崭新的组织结构、组织流程和运行机制去推动更加适宜创新存在的组织文化。

这四个方面适用于所有经理人，无论职位的高低。高级管理人员与基层经理们一样，都需要通过对其直接下属的管理去鼓励异议。通过管理直接下属来激发创新，这种方式不仅对参与该项行为的员工来说极为重要，并且它对于组织其他部分的员工也尤为重要，因为它会变成组织中一种大家普遍接受的模式，甚至成为组织中一种要求的行为。但是，除此以外，高级管理人员还有一项特殊责任，即做好一些结构和程序机制上的安排，更大可能地催生异议和创新。

如果你遵循这几个步骤，那么你就会很好地创造一个能维持创新的组织文化。我会在以下几章中阐述如何做到这几方面。我会用最通俗易懂的文字来说明这些观点，但在某些问题上也需要你精力集中去领悟，比如效率和催生创新之间的区别。一些建议看似违反直觉，但所有这些都是在强调一点，如果孕育创新很简单的话，那我们早就已经做到了，并且我也就用不着写这本书了。

概　要

我知道这听起来有点像在制造混乱。你可能已经勾勒出了异议者的形象，他们在走廊上横冲直撞，走到哪里就在哪里制造极端混乱的状态。但是事实并非如此。我并没有提倡把精神病院改造成居民区，而是在一边提醒你在经营一项业务的同时，介绍一些帮助创新更自由地发展的方法。下一章的内容会帮你避免发生压制异议的行为。

要　点

- 在古老的制造经济体制下，人们创造了一整套压制创新的复杂系统。
- 这个系统如今仍然功能完备，并且有七个阶段。
- 异议是个连续体。
- 使异议公开，它才会多产高效。

第 3 章 那些压制异议的方式——你愿意避免吗

经理人压制异议的措施十分有效。甚至当他们不打算这样做时，他们的行为也会传递这样的信息，这就是网络效应。本章会略述经理如何抑制异议，以及如何避免这些行为的发生。

介　绍

本章和下一章都将重点放在你作为一名经理人鼓励创新所需完成的第一项任务上——避免压制自然产生的异议。通常，这样的异议是情景异议，也就是说，一名支持组织策略方针的员工告诉你，他在执行过程中对此产生了分歧。如果大多数异议都能保持在情景异议阶段的话，你可能就只需在保持效率的基础上去提高创新的层次。但虽然这只是一种大家都想实现的状况，但做起来却相当难，因为，正如我在例子中所讲的那样，人们太容易压制这种异议了。

赶走信使、传递含混信息、运用办公室政治，以及威胁都是一些压制异议的策略，虽然不多，但这些是经理们在工作中经常使用的招数。尽管某些时候时机不当，但是足已让压制异议这个问题雪上加霜了。我知道你没用过它们，你不是这样的人。但是许许多多的经理可能都没有意识到，即使他们的机动很单纯，他们的行为也的确会起到这些作用。对那些对于办公室政治敏感的员工来说，他们总能察觉到什么时候他们该闭嘴。虽然这可能有助于提高每个人执行命令的效率，但这不是创新的源泉。因此，请你继续往下读——毕竟这一点可能对你也适用。

对于我提过的每一种行为，我都会进行一一阐述，它是如何压制异议，我们又应如何去避免它的发生。这些情形很明显不只是与异议有关，其重点是说明人们有多容易就错过了他们对创新所做出的努力。

赶走信使

我认为我们都对信使没有好感。根据古罗马时期的文字记载，报噩耗的信使会被处死。你可能会想这些皇帝控制冲动的能力可真低。虽然如今我们不是真的向信使开火，但我们所做的等同于犯罪以外的违法行为，它与犯罪有着相同的效果。下面就是一个典型的情景。

罗杰：嗨，头儿，有空吗？

你：当然，罗杰，我的大门永远对你敞开。

罗杰：我知道你今天就想要泰勒斯的报告，可这不太可能。

你：什么！琳达会对我发火的！

罗杰：我知道，我知道。几个小时前我还认为这没问题，但后来我们对其中一项做了重新分析，虽然只是想确定一下，但我们发现数据不完整。一旦我们把所有资源都投进去，工程收益看起来就很离谱。

你：你怎么现在才说！

罗杰：可是我直到刚才才知道它会影响收益。

你：我不管……你总是这样……

罗杰：你说什么！

你：就像上周——新加坡的那件事。

罗杰：等等——那可不是我的错！并且这件事也不是——我告诉你吧——美国网络公司（Amerinet）给我们的数据不完整。要不是菲利斯发现的话，我们正在做的就等于是空中楼阁……

你：你应该早就想到……

罗杰：想什么？我应该告诉下面的公司送一份完整的数据来？你就想说这个？

你：你早就应该对它进行检查，再检查……

罗杰：我告诉你……这不是我们的错……事实上，我们是英雄……要不是菲利斯……

你：够了，够了，这些你已经说过了……

诸如此类的争论还有。你知道这并不能解决问题。如果你的老板在等着你的报告，你很气愤，这是可以理解的。然而，你不清楚应该对谁发火。这是罗杰的错吗？他能把其余的事做好，并保证能在规定的时间内把报告交给你吗？如果从真实、合理的（抛开“检查”，再“检查”）角度来说，他不能这样做，而你的做法却赶走了信使①。

当然，我们认为我们没赶走信使。我们认为我们正在开诚布公地讨论为什么问题还没得到解决，为什么还没提出解决方案，或者为什么又出现了这种问题。并且我们也需要讨论这些问题。但是在这种赶走信使的讨论中不免会有责备的成分。就像“你总是这样……”和“你早就应该想到……”这些都说明你在没有找到事情的真相的情况下就对指出问题的人大发脾气。

赶走信使会带来许多不幸的后果。最终，没人会告诉你坏消息，并且你还会迷惑不解，为什么老有许多事你都不知道。可口可乐公司的首席执行官道格·艾夫斯特（Doug Ivester）被免职的部分原因就是由于他“不正视自己的错误，也不愿意听他人的建议。他在组织中变得越来越孤立。”② 艾夫斯特让别人觉得很难指出他的错误，因此到最后，再也没人会这么做了。

另外，如果你赶走了信使——甚至是在一些看起来与创新无关的不起眼的小事上——这种行为所传递的信息是：你不能容忍听到任何你不喜欢的事。虽然组织明白知道问题的原因是解决它的第一步，但是它却偏偏会责备发现问题的员工，让员工觉得最好少惹麻烦，别试图使事情变得更完善——就这样创新的组织文化被诅咒了。

那么你怎么才能避免赶走信使呢？让我们重新从罗杰告诉你的坏消息开始。

> **罗杰：**我知道你今天就想要泰勒斯的报告，可这不太可能。
> **你：**什么！琳达会对我发火的！
> **罗杰：**我知道，我知道。几个小时前我还认为这没问题，但后来我们对其中一项做了重新分析，虽然只是想确定一下，但我们发现数据不完整。一旦我们把所有资源都投进去，工程收益看起来就很离谱。

---

① 当然，如果你尽量避免了这个情况，或者以暗示的方式表示，这个故事就不一样了。这是一个绩效问题，它的解决方案会因势利导。

② 《财富》（2000年1月10日），第114~116页，贝特茜·莫里斯（Betsy Morris）和帕特里夏·塞勒斯（Patricia Sellers）写的《可口可乐公司到底发生了什么》（*What Really Happened at Coke*）。

你：这是怎么回事？

罗杰：我也不很清楚，实际上，要不是菲利斯觉得泰勒斯的人很可疑，我们本来是不会发现的。

你：那么泰勒斯给我们的数据不完整？

罗杰：他们没说数据不完整……如果我们没发现，我们的麻烦就大了。

你：你看，罗杰——我现在有麻烦了。我能告诉琳达泰勒斯给我们惹的祸，但是她在管理会议上需要这些数据。我们保证今天一定会解决这些问题。

罗杰：我知道，可我不能用那些错误的数据……

你：我也同意，但是……

这样的对话还不错，对吧？在关键时刻，你问："这是怎么回事？"而不是发泄你的不满。不用费很大劲就能避免赶走信使。但它却能带来很重要的回报——你用你的实际行动表明，你可以容忍听到那些与你所想或预想不同的事，因此你的举动创造了一个支持异议和创新的氛围。

对于这个情况，这样处理的结果也许算不上一个令人满意的结局。不赶走信使本身并不能解决问题，但它却能帮你获得真正的信息，而不是让你再次陷入又一轮"法律以外的违法"或数落别人的怪圈中。

最后一件事。罗杰的上司在谈话开始时说："我的大门永远对你敞开。"我对这句话的理解是他说这话时所指的门就是那扇把他和外面世界隔开的大门，并且他并没有为他们之间存在这样一堵墙而感到丝毫脸红。但是他的雇员知道，尽管门是开着的，但里面的思想却是封闭的。我根本就该避免说诸如"大门敞开"这样的话。如果你真的想听人们的观点，那么这些方式根本就不重要。

传递含混信息

它还可以用其他许多说法来表示——说到做到、说话算数、行动跟进和诚恳。所有这些在本质上都有一个共同特点——通常很难做到。

说冠冕堂皇的话，却做与之相违背的事，这就是那些丑陋的经理人的行为。你知道我指的是什么：

- 你的确很有才能，但我们目前还用不上你的才能。
- 要正确对待传统，但也要承袭我传授的所有陋习。
- 虽然我们不是工作狂，但我崇拜工作狂（“你能相信吗，沃伦？他又熬了一夜！这家伙简直就是钢铸的。”）。奖励他（“好，公司中还能有谁……我是指花在工作上的时间！”），提升她（“沃伦·艾伯比，销售部副总。”）。此外，他还诡秘地说，我们几乎都不能接受对此的否定回答（“我知道她很出色，但是她有毅力吗？有对这份工作的奉献精神吗？”）。

许多公司努力去完成许多重要的事，并且在多数情况下，他们都会以一段意向说明作为开场白，来表明这是不是组织远见、使命、目标或计划。但是这些承诺需要被转化为行动。并且这个承诺与行动的契合点是十分危险的。

如果承诺与行动相违背，员工就会做每个正常人都会做的事。他们相信行动，而对听到的承诺大打折扣。即使经理人是位绝对诚实的人，如果他的行动与承诺不符的话，也没有员工会相信他。在另一方面，如果这两者协调一致，那么它们就会起到相互促进的作用，所传递的信息和它中间所包含的理念都得到了巩固。在没有尝试的情况下有可能会传递含混的信息。

卡罗尔：嗨，帕特，我填好出差表格了，能签个字吗？

你：当然，（你停了一下）嗯，机票的费用是不是高了点？我知道你要去的时候是旺季，但是我本来以为价格会比这个便宜。

卡罗尔：是呀，我订的是头等舱——我是说，要飞15个小时，并且杨先生准备到机场接我，然后去苏公司。

你：卡罗尔，你是知道政策的。只有董事和董事以上级别的人才能坐头等舱。

卡罗尔：但是这有什么关系。我到那儿就得参加会议，所以我需要尽可能地休息好。

你：我同意，但这是公司政策。

卡罗尔：那好，每个人的工作都是相同的，可那帮首席执行官获得的东西也未免太多了。太明显了，有些人就是比别人重要似的。

你：够了，我们不能让每个人都坐头等舱，你知道那得花费多少？

卡罗尔：那么为什么你们就行，而我就不行？

你：这就是特权消费，卡罗尔，你知道这一点。

卡罗尔：但你们已经得到了高工资，为什么还要特权消费？

你：工资是根据能力而定的。特权消费是另一回事。

卡罗尔：有什么不同？

你：你看——我在这个公司待得比你久。我没有跳来跳去就为找最好的地儿。这个特权消费是我挣来的。

卡罗尔：你挣的？你怎么挣的它们？它们不是和职位一起来的吗？

你：你知道我指的是什么——它是对我忠诚的回报，我一直待在这个公司。

卡罗尔：那么要是我在这儿待上一百万年，我也能坐头等舱了？甚至我都不用努力做事，即使是参与大客户的会议？

你：卡罗尔，我无能为力——这是公司政策。

噢，特权消费！组织内部恩典的外面标示。每个公司都有。配有大玻璃窗的办公室、特殊的家具、停车位和头等舱。对于那些在公司做了许多年的人来说，这些通常只是些小事。虽然这些只能带来有限的额外享受，但它们却能使人们得到地位上的满足。

卡罗尔走了，没能得到她想要的答案，我们很同情她。她有一点是对的。坐头等舱的目的就是为让旅行者达到目标地不至于感到很疲劳，并且如果对于高级管理人员来说，这一点是成立的，那么为什么对于那些同样旅行、只是不那么尊贵的基层管理人员来说，这一点就不成立了呢？一个公司怎么能将特权消费建立在级别上呢，并且还让每个人都做同等重要的工作？

我并不想在这里解决这个问题。这里的重点是卡罗尔为我们指出了一个含混的信息，而你没有指出来。事实上，你是这整件事的拥护者——即对特权消费，也是对在公司中产生的那种含混信息的拥护者。我知道你认为你只是在谈特权消费，虽然你没指出含混信息，但你也是它的暗中支持者。你需要把讨论的内容（特权消费的明智与否）与讨论产生的环境（传递含混信息是可能的）相分离。如果你不这样做，员工就会察觉到公司对其所做的承诺缺乏诚信，甚至这是在无意间流露出来的。

含混信息所产生的另一个更严重的后果就是促成了一种“非礼勿视、非礼勿听”的组织文化。比如说，你在号召每个人都应该节省经费之后，却为一位重要的程序员安排庆祝活动。你还为自己辩解：“这些人是公司的栋梁。这个季度的业绩不错。我所指的‘节省’是指需要长期坚持，不是指此时此刻。”你说服你自己，你的做法不是食言。

如果有某个人的话使你认为你需要传递一个含混的信息的时候，你就会简短地说：“看，我们不得不对此特别对待。否则我们就会陷入困境。”你用你想要的方式结束了谈话。并且同时你也让那个人明白了那是些不允许人们讨论的话题。如果这还不算是起到了颠覆性的作用，那你真得感谢整件事的协调圆满了。

含混信息会创造一种气氛，它使一个想法的可接受性远比这个想法的可实施性和独特性重要得多，在这种气氛中，人们只会提出每个人都知道会得到大家认可的那些想法。并且在这种气氛中，人们会诅咒创新。这注定了你的命运，你只会老是得到那些你已经得到了的东西。

我知道你不想传递含混的信息，那么如果你已经在无意中这么做了，你要如何做才能补救呢？无论以何种方式表达，含混的信息终归是含混的。除非你为此做点什么，否则你就会总围绕着这个问题转圈子。让我们再来看看上一个例子。

你：卡罗尔，你是知道公司政策的。只有董事和董事以上级别的人才能坐头等舱。

卡罗尔：但是，帕特，这有什么关系呢。如果我一下飞机就得去参加一个会议，我就需要尽可能地休息好。

你：你是对的，可政策不允许。

卡罗尔：不只是这些，为什么每个人干的活与首席执行官干的同样重要?

你：对这一点我们没有分歧，是不是?

卡罗尔：是呀，那我这次机票的标准能提高点吗?

你：卡罗尔，如果这事由我决定，我一定同意。我想我们只能在预算基础上浮动一小点。

卡罗尔：那么问题是什么？

你：好吧，是那些财务部门的人很难对付。如果未经他们许可，他们是不会给你报销的。你不会让他们从你的薪水里扣吧？

卡罗尔：当然不想。这可是公事。

你：这是过去遗留的老问题，是吧？在下次管理会议上我会提的，看看乔能不能找财务部门的人疏通一下，把它改了。

卡罗尔：那些家伙，我想肯定没戏！

你：也许吧，但我只能做这么多了，我自己改变不了这些规定。

卡罗尔：我知道，帕特，你是对的，我猜这就是事情运作的方式吧。

从现实的角度讲，你不能改变那些促使产生含混信息的规定。对于理智的员工来说，只要你听到了他们的观点并对此表示认同，他们就不会期待会有奇迹的出现。对于他们和你的信誉度来说，最重要的就是不要为没有辩护余地的事情辩解。许多公司都不断改变并支持新的方针，因此这也就是很自然的，所有的事不能都同步进行。但是尽管你不能立即解决这样的问题，但当有些事不能正常运作时，你也应该表示出愿意听员工对此提出的意见。这是用一种很重要的方式去鼓励大家表达异议，归根结底，也是在鼓励创新。

最后一个与之相关的问题。用非常快的速度传递含混的信息并不是你做事的一贯准则。你知道你做事的一贯准则：除了我，没人会在电脑前摆上一杯咖啡，因为我就是不能没有它。除了我，每个人都必须在用完餐后收拾自己的餐具，而我如果太忙的话就能不这样做。除了我，每个人都必须在月底把多余的文具交回，而我只在顺手的时候才会这么做。但你不是女皇陛下，你不能超越法律（如果你是在以后才意识到这一点的话，这对女皇陛下倒也没什么关系）。考虑到你给人们留下的这种印象，你至少也应以同样的气度来传递含混的信息。

就像美国大陆航空公司（Continental Airlines）的首席执行官戈登·贝休恩（Gordon Bethune），他就不会这么做。他将美国大陆航空公司航班正时到达的记录从同行业中最差的变成了最好的一个。在这期间，一次他登上了公司的一架快起飞的航班，当他在入口处停下来的时候，机舱门口的服务人员对他说：“对不起，先生，请您坐下，飞机就要起飞了。”“这可是贝休恩先生！”他的一名随从恐吓道。这位服务人员回答道：“很好，但是我们要起飞了，请你告诉他让他坐下。”据你所知有多少老板会在有高级管理人员的陪同下，还会遭到如此强烈的责备？通过遵照他自己的原则，他示意他所发出的任何信息是对任何人都适用的，甚至也包括他自己。因此，遵照你自己的原则会避免含混的信息，并且也避免使异议和创新受挫。

从不道歉（从不犯错）

有些人表现的好像他们一贯正确，虽然如果当你质询他们时，他们会说“没门儿……下一个人也会犯和我同样的错。”但是你也会注意到每当提起某个犯错的具体实例时，他们就会摆出冷淡的态度，并且当然，他们从不道歉。虽然对于大多数经理人来说，“对不起”这个词都不会是个高频词，但是，对于他们来说，我确信他们实际上就没听说过这个词。

然而，犯错是创新的一个重要组成部分。并且，想要创造一个重视冒险精神的组织氛围来，你让大家明白，你允许他们犯错，这一点尤为重要。没有冒险，就没有创新。因此，你如何才能让大家明白你允许他们呢？一条最好的途径就是：当你自己犯了错后道歉。

道歉与仅仅承认错误不同。后者只是简单表示你的判断力暂时失误。而前者则说明你犯了个错，并且你对这个错误所造成的损失感到抱歉。当然，你也可以只在你办公室内悄悄地道歉，把门关起来，再把窗帘落下来。尽管这会有助于使你心灵得到平静，甚至会有助于你日后掌权的一天，但这种私底下的忏悔对眼下的损失却是于事无补，虽然这些损失是你无意间造成的。

这种鸵鸟式的道歉所造成的伤害远大于你的想像。这是我管理生涯所总结出的一条结论，我曾获得过“修整”问题小组的称号。一个经常处于这种状态的人会积怨成灾，并且这还会给他造成难以愈合的伤害。很难想像一件七年前发生的事，并且连上司都已经换了三任了，而直至现在这位员工却一直还深受这件事带来的煎熬。这些伤害非但没有消失，并且还转入了地下，异议转化为了消极怠工。

道歉可以是一种最快速的消除愤怒、结束无休止争论的方法。它可以使双方迅速摆脱相互指责的局面，进入到共谋对策、解决问题的阶段。

同样重要的一点是，道歉会营造出一种迅速承认错误的组织环境。因为你已经在这方面为大家做了示范，所以员工就会比以前更加敢于谈论那些不受欢迎的话题或对不可冒犯的人提出质疑，甚至在某些异议会被证明缺乏理论根据的时候，他们也明白这都是正常的，因为知道他们可能犯错，但只要纠正了错误，继续前进，就不会带来任何副作用。

让我们通过一个“非异议”的例子来说明这一点。比如说在一次会上，你对山姆的季度报告大发雷霆。你早就受够了他总是为错误找借口。但事后，你反醒了一下，你意识到发火并不能帮助山姆提高办事效率，并且这还会压制会上的每个人提出异议的想法。

你要为这件事向山姆道歉。虽然不必要卑躬屈膝（毕竟经理人也不善于此），但是你可以这么对他说：

	你	嗨，山姆，我只想说——昨天我有点过分，对此，我向你道歉。
但是别这么说：		我那天压力很大，这点咱们都知道。然而，我不是针对你，而是另有其人。
同样，也不能这么说：		不过你的季度报告的确很糟，问题不在于我想责备你，而是你得承认你没能把它做好。
如果山姆这个人是个非常好的人，他就会说：	**山姆**	谢谢，比尔。我感谢你能这么说。也请你别见怪，让我们和解吧（两个人都真诚地拍拍对方的肩膀）。
如果山姆这个人还不错，他则会说：	**山姆**	别提它了。我猜你是压力太大了。
你别这样回答：	**你**	是呀，最近的确不好过……我不应该告诉你但总部要来人了……我们不仅谈到了你，并且还会观察你的表现，但这都不是刻意的，所以这几天的确不好过，让你没面子了。是吧？
而是应该这么回答：	**你**	这倒是真的，最近压力很大，但是也没理由冲你发火……
如果山姆还是普通人的话，他会说：	**山姆**	别这么说，头儿，都过去了，忘了它吧。你就当没这回事吧。

如果你是个不错的人，你会说：	你	非常感谢，下次，我会试着把事情处理得好点。如果可能的话，你也尽量再试试做得好一点，不过我不是在要求你。
如果山姆是个令人讨厌的家伙，他会说：	山姆	好吧，我觉得你是杞人忧天，我是说，我下次会做好的……深呼吸，你得控制一下你的血压。
不过，那你也别这样回答：	你	不可能，你对上两次的季度报告都是这么说的。别再说这种鬼话了，我早就烦了……承认吧，他惹着你了。你又来老一套了。
而是应该这么回答：	你	不，我道歉不是因为我对你的季度报告不满，我仍然觉得它是个问题，我想让你把我们曾讨论过的事作为你工作的目标。我道歉是因为我上次的说话方式。你不用多想。只要你尽了你的职责就可以了。

在某种程度上，你如何回答取决于山姆。如果他是个普通人的话，谈话就会简短明了，一切在预料之中，事情就会走上正轨。如果他有点让人扫兴，他也许会利用你的坦诚逃脱对他犯的错负责任。如果你还能分清哪个是他的行为（没有达到季度报告的要求），哪个是你对此做出的反应，你就不会上当。你可以在表示对他忽略工作重点不满的同时，为你表达你的不满的方式道歉。千万别把这两者弄混了。如果你开始就说不能接受他这种行为，即使你后来道歉了，这看起来还是像你在责备山姆，是他逼你不得已采用了这种不妥的方式。这不是你的本意，并且你也不应该这么做。合理的做法应该是讨论如何改进山姆的工作表现，而不是把它当做你发火的理由。

一旦你掌握了，你就会发现这其实并不难，是吧？这不是什么大事。只是没有鞭挞、没有苦行衣而已。

如果你习惯在必要的时候道歉，它就会成为正常交往行为的一部分。你从容道歉、接受事实，这会缓解大家的紧张情绪，因为他们就不用假装不知道你搞砸了，这可以使每个人都能继续安心做事。如果你的目标是不仅保证异议的存在，而且还要保证它能光明正大地存在的话，那么为你偶尔所犯的错误道歉，这就是一种非常好的方式，通过它，大家就会知道你希望保持讨论公开、流畅，即使是你也有做得不完美的时候。

不要让道歉成为你惟一做的事

道歉固然重要，但你也应该停止那些你为之道歉的行为。我曾经有过这样一位上司，每当她感到不安或感觉受到威胁时，她都会采取攻击行为。后来，她放弃了这种攻击的行为，我很高兴能看到她那些真诚的道歉。然而，仅仅几次以后。她就建立了一种模式，即人身攻击，主动道歉，再人身攻击，很明显她认为光有道歉就足够了。这当然不够。如果你道歉，你就是在含蓄地表示你在个人方面有一些要改进的地方。这虽然不是说你再也不可以犯这样的错，但它却应该意味着再犯这样错的机率会随着时间的推移而逐渐减少。否则，它就只是一种聪明的对策，通过它可以回避改造组织文化更友善地对待异议。

运用办公室政治

我曾为一个组织做了很长一段时间的顾问，并且我了解它的所有问题——特别是在做决策和执行决策方面存在问题。一天，我与我的客户以及这家公司的首席执行官亚里克斯会面。会见后，我的客户说：“亚里克斯不喜欢我。”我十分惊讶。“为什么你会这么想?”我问道。她耸了耸肩说：“在整个会议期间，他都没和我对视过。”

当我正想嘲笑她是妄想狂，不准备理会她的说法时，我突然意识到她有可能是对的。身处这样一种企业文化，在与首席执行官会面时，微妙的暗示，如目光的交流都会成为传递信息的方式，从中我们可以了解对方是否愿意与我们进行沟通。

这也许是运用办公室政治的最坏时机（或者是最好的时机，我猜，这取决于你的看法）。办公室政治是一种操纵的艺术，让人觉得你好像不是操纵者——但每个人都知道操纵者就是你。人们通过某些媒介传递不良信息来搞办公室政治，就像有些人为了表达他的不快，而把冒犯者踢出他们的信息圈、给他安排不好的班次或者给他一个不好的绩效评估成绩。虽然这些做法可能存在一定理由，但他们的所作所为暗示着这种鬼鬼祟祟的行为就是公司中的一贯做法。如果你做事不采用光明正大的方式，那么你肯定也不会容忍异议。这种态度很容易使异议转入地下——实际上，是要求异议转入地下。这是一种有效的但又隐蔽的压制创新的方法。

你如何才能避开办公室政治漩涡呢？即使是在一个支持或要求采用这种方式的环境中。事实上，你需要很小心。你应该试着与同事甚至是上司开诚布公，但是除非你能真正地信任他们，否则他们还是会心存戒心。然而，对你的下属，你值得冒风险，尝试运用这种方法。因为你需要他们的创新与异议，并且他们的坦诚是会得到回报的。让我们来看看应该如何做。

你决定成立一个跨职能任务小组，由他们针对最近接二连三的客户投诉提出相应的解决策略。阿特是你的客户关系部经理。你曾对他说过你的这个想法，这次已经是你们第二次就此事开会了。

	你	那么，你是怎么想的？
	阿特	是个好主意。成立这样一个小组的想法的确不错。
得了吧，我马上就产生怀疑了。大多数人都不愿意放弃控制权。再问问他。	**你**	真的？这不会给你和你的人带来问题吗？
	阿特	不，不，当然了，这个小组需要有我的人在——那样就不用白花功夫重复做以前做过的事了。
他是在试图控制这个小组吗？	**你**	那倒是，不过我不想让这个小组错过任何解决方案——这是问题的关键。
	阿特	噢，当然——这一点我会告诉他们。
	你	你想让多少你的人参加这个小组。
	阿特	几个而已。比如在客户呼叫中心的格拉迪斯，负责处理政策问题的安德鲁，还有杰基他也不错，因为……
	你	嘿，嘿，这么多！我是说，关键是要融入一些其他人的意见。
	阿特	那好，可我的人应该在……

我看你们可不是在讨论公开演讲。阿特看起来并不愿说出他的真实想法。你需要想办法让他说出来。	**你**	你知道阿特，我有一种感觉，你内心不是这么想的。
	阿特	没，没有，我觉得这是个不错的主意……
	你	真的？那为什么我感觉这里有什么事让你很反感？
	阿特	是吗，萨尔，那我也没办法。
	你	得了，说吧，阿特——没别人在，只有我们俩，问题出在哪儿？
你很幸运。阿特很信任你，他坦率地说出了问题。	**阿特**	那好吧，即使你那么说——我的一些人的确在怀疑，他们认为这个工作小组是为了评判他们的工作而成立的。当然，我支持这种做法，并且也告诉他们……但是，嗯，他们还是在担心。
阿特或他的那些人是不是真的担心，这一点无所谓。重要的是无论如何都要让他说出担心的原因来。	**你**	他们担心什么？
	阿特	现在我对这点也不肯定，我也是刚刚才知道……
	你	嗯，说吧，他们担心什么？
	阿特	那好，他们中有些人认为应该让他们自己来解决这个问题——毕竟，他们是客户服务的专家。那群运行部和市场部的人知道些什么？
	你	这么说，工作小组是闯进他们的地盘了……
	阿特	我认为也不能完全这么说，但的确有点……
	你	那你认为我们该怎么做？

阿特提出的问题很重要。如果负责客户关系的人感觉他们被忽略了，那工作小组提出的任何建议都会遭到冷落。解决的办法有多种多样。你可以直截了当地跟他说，让他去做他们的思想工作，转变他们的观点。你也可以好好想想，阿特的说法是不是有道理，然后改变你的方法。

无论你做什么，从创新的角度来看，最重要的就是要他停止对你耍手腕，当他耍手腕时，你只能假装同意他的观点，然后诱导他说出真正的问题。如果你不愿意明确问题，你就不能对这个问题提出异议或想出创新的办法来解决它。人们越是愿意阐明问题而不是隐瞒它，就会越有利。

在某些情况下，有一点尤其重要，这就是你要记住你所看见的未必就是你得到的。当你很轻松就得到答案时（“好主意。这个小组的想法的确不错。”），你就需要仔细地打探（“你知道，阿特，我有一种感觉你心里有别的想法。”）。除非你三番五次地这样做（“阿特，我还是觉得你心里有其他的想法……”），否则对于许多人来说，把事情说开不是件容易的事，特别是当身处一种不鼓励直言不讳的环境中时。

你注意到阿特把责任都推给了他的下属。这是种典型的解决棘手问题的方法。如果你对此反应消极的话，这就使得阿特有了退路，因为他可以责怪他的下属。我打赌他实际上就是在说他自己，但这并不重要。不管怎么样问题都需要公开。

你不用为了不让阿特不耍手腕就顺着他的意思来解决问题。而是需要强调你支持他这种冒险阐明问题的做法。并且当你结束谈话时，可能应该说几句这样的话：

你：很好，阿特，我已经明白了他们的想法，可是我还是觉得这个小组的想法不错。我可以根据你的建议做些改动——比如让你的人为小组作公开演讲。但不管怎么说我希望它能进行下去。

阿特：我不知道我的那帮人会做出什么样的反应……

你：我知道——看来我让你的处境很尴尬，对此我很抱歉。（你在道歉！）不过我很高兴你能把事情说开。否则，我们就会一直在原地打转。

阿特：好吧，我想这应该归功于我的属下……

你：的确。

你可能不会像描述的那样，很迅速地就能得出解决方案，这要取决于你已建立起来的信任。如果当人们认为耍手腕是惟一生存的方式时，他们就需要多花些时间才可能去直接阐明问题。但别放弃。如果你坚持正大光明地表达你自己的看法，去挑战那些看上去是在耍手腕的人，最后你就一定能让人们相信并信任你。一旦你这样做了，你就会发现其实人们愿意去提出反对、争论、冒险并且进行创新。

耍手腕的另一种形式

有时我们并不是有意识地去耍手腕。有一家经营良好的组织，它所关心的问题是留住足够的“正在做准备”的青年雇员，在那批出生在婴儿潮期间的一代人退休时，让青年雇员好去接替他们的高级职位。因此，他们要求青年人（主要是在实习期的学生）为解决这个问题出谋划策。青年人精心制作了一个公开演讲，并向高级管理层作了精彩陈述。这些建议被采纳了，并且要求他们实施。然而，初次尝试却以失败告终。学生缺乏产生革新所需的专业技术、政治头脑和职位权力。虽然这种想法不错，意图深远、单纯，但青年人在实施过程中，却感觉好像是被人设计了，陷在了一个圈套里，参与了一项“粉饰门面”的工作。因此，即使你并没打算耍手腕，但也很容易被误认为有着不可告人的动机。

胁 迫

胁迫别人服从你的意见是组织中一项由来已久的传统。独裁者经常故意并且毫不手软地运用这个伎俩。事实上，中国就有一句古老的谚语说你有时需要“杀鸡给猴看”。[①] 然而这样做的人却会为此付出高额的代价。

在一般情况下，办公室的胁迫不会产生那么深远、巨大的影响，但在追寻创新的过程中，即使是轻微的胁迫也会产生如此巨大的影响。特别是当胁迫者并不知道他在这么做的时候。

我记得在我职业生涯早期有这么一件事。我为公司的首席执行官写一份企划，这是我工作中的一个重大突破，我为此非常努力。最终，所有材料都

---

① 《新闻周刊》（1999 年 1 月 11 日），第 40 页，梅琳达·刘（Melinda Liu）和拉塞尔·沃森（Russell Watson）所写的《中国杀了几只鸡》（*China Kill A Few Chickens*）

打印出来，装订完毕，并且分发出去了。在第二天的高级管理人员会议上，大家会对此进行讨论。

在这个重要会议的前一天晚上，当我正做准备工作时，我突然发现，我所做的这一大堆表格和众多建议的材料中竟然有一个致命的错误。其中有一个条件我未加定义，因为我以为我知道它的意思，但是我所有成功的建议却都建立在这个相当狭窄、并且经不起推敲的条件上。如果它的定义范围更大一些、更广一些的话，那么这个提议就变得太昂贵了，并且最终也起不到什么作用。

整个晚上我都焦虑不安，试图想出一个弥补措施。我想得越多，这个漏洞似乎就越大。这份文件简直是副难打的牌。最后，我决定只能做一件任何正常人都会做的事——蒙混过关，并且求老天保佑没人追问此事。

我感觉我在会前的五分钟整个人都停止呼吸了。但首席执行官的开场白却是这样的："弗朗西斯，我饶有兴趣地读了这篇报告。工作做得很全面细致。祝贺你。"我的肺又开始工作了。他没注意到，示意大家开始进行提问。

伯尼是位副总裁，是个精明的家伙，他开始发问了。"嗯，我也同意，做得不错，我就有一个问题，我不大肯定，你是如何定义……"他终于问了，但对于这个问题我没回答。我仿佛冥冥中看见了我那不幸的、短暂的职业生涯在我眼前一晃就消失了的情景。我张开了嘴，但什么也没说出来。

然后突然首席执行官开口了："好了，伯尼，这是个傻问题。可能就你不知道，其他人都明白。"就像我说的那样，伯尼是个精明的家伙，他一下子就意识到此刻他需要住嘴。我合上了嘴，报告在一片赞许声中被采纳了。但没等计划实施几个月，这个定义的问题就已经很突出了，所有的建议都得返工。

因此，不用说，就我个人而言，我没从胁迫中得到任何好处。但是从组织的角度来看，这个由瞬间的失误、非故意的胁迫而造成的，本来可以避免的错误想法所耗费的资源和时间是任何一个公司都不愿承担的。

我并不是建议你浪费时间去追究任何可能发生的傻问题。但是你如何对它们做出反应，这点很重要。不要像我一样期待着首席执行官会这样回答："得了，这是个傻问题。"而是需要多花一点时间这样问："是吗，伯尼？我很奇怪你为什么会这么问？"这虽然会让我引火上身，但却会避免让组织走弯路。

然而，组织却由于在无意间采用了胁迫作为控制人的方法，而使创新蒙受了高额代价。比尔·盖茨挑战思维的对抗性风格几乎可以被用来解释一切事物，从融合了职业摔跤“苏格拉底”式的对话到情绪暴怒。尽管微软对此激烈地否认，人们还是认为它是一家特别具有创新性的公司。一般而言，他们是在买创新而不是在创造创新。事实上，研究显示：那些极权制的、有较强意愿的首席执行官们会让人们感觉很难不同意他们的观点，因此人们经常不对他们透露那些坏消息①。

概　要

除了极个别的经理人，没人真想试图去压制真诚的讨论和不同的观点。但异议要比我们所认识到的还要脆弱。人们很容易就用自己的前途去衡量大胆提出异议所付出的代价，或是出于想去保护同事的面子而不大胆地指出他的错误。虽然顾及别人的感情和自己的前途无可厚非，但提出异议、指出错误的必要性也同等重要，这两者应有机地契合在一起。经理人可以通过他们自己的行为来鼓励这种契合。事实上，这种广开言路的做法预示着一种好的管理方法的形成。通过避免发生我们在本章所讨论的一些明显不利于提出异议的情况并回避我们要在下一章讲到的一些更为隐蔽的行为的产生，你就可以实现鼓励异议的目标。

要　点

- 大多数经理都没意识到他们很轻易地就抑制了异议。
- 赶走信使说明你不能容忍听到坏消息。
- 传递含混的信息会滋长“非礼勿听、非礼勿视”的氛围，它是异议的天敌。
- “永不道歉”会创造这样一种组织文化，它迫使异议转入地下，因为错误永远都得不到承认，错误所造成的损失也得不到弥补。
- 耍手腕暗示着只有隐匿的行动才是做事的惟一方法。它也会助长潜在异议的产生。
- 胁迫大大削减了人们提出异议的愿望。

---

① 《财富》（1996年6月24日），琳达·格兰特（Linda Grant）所写的《穿细纹布的兰博：为什么那么多的首席执行官都是些没用的家伙》（*Rambos in Pinstripes: Why so Many CEOs are Lousy Leaders*）。

第4章 那些貌似鼓励异议的事情——你还在做吗

某些不明显的压制异议的方法会让经理们着实大吃一惊，因为他们并没有意识到这条通向效率并能提高生产率的路却会与创新与创造背道而驰。

介　绍

在上一章里，我们谈论了虽然情境异议很脆弱，但我们还是要力图把异议保持在这一阶段。一些经理人面对异议时会采用一些令人不愉快的、没有成效的方法，这无疑在压制异议是雪上加霜。但某些貌似会起积极作用的方法同样也会产生抑制异议的效果。在这一章中，我们就将讨论一些这类的做法，如“最佳实践”的弊端、“平等待人”的曲解、“价值观趋同”带来的障碍以及隐藏在“捕捉创意流程”中的陷阱。

“最佳实践”的弊端

我曾接触过的大多数企业都为“最佳实践”做出过这样或那样的努力。即使有些还没来得及做过这种努力的企业也会为此十分懊恼，所以我肯定他们一定也会步那些企业的后尘。

对于部分知识管理来说，“最佳实践”已经变成了一个包罗万象的词语。如果已经有人犯过了某类错误或者找到了做某些事情的方法和窍门，而我们却不汲取这些经验教训的话，是很愚蠢的。我们都希望从过去所犯的错误中汲取经验教训以避免将来再犯类似的错误，但我却逐渐意识到最佳实践所具有的价值可能远比我们所认为的要小得多。

在大多数企业中，记录最佳实践是一个既无成效又被制度化了的流程。

最典型的就是企业内部网，它的部分用途就是为了服务此项目。职工们绞尽脑汁地记录下他们成功的心得体会或者从失败中汲取的经验教训。企业投入大量的资金以求得最佳实践在企业中能得到广泛应用。

然而，根据我的经验，通常在组织第一次大张旗鼓地宣传过后，基本上就不会再有人继续为此做出贡献。因为人们好像就是没有时间去考虑过去那些成功的、或是没有成功的做法。另外，即使最佳实践可行，人们也不去用它们。一些研究结果可以很好地证明我的这些经验之谈。在一次对团队领导的访谈中，近一半的人（46%）会定期做些深入的、项目后的分析研究。但只有27%的人会用那些已有的信息来完善自己所做的项目，而只有30%的人愿意把这些信息与团队之外的人共同分享。非常明显，如果人们不愿意提供他们的想法并且也不愿意使用别人的意见的话，那么组织中实施最佳实践的结构就像是在制造垃圾。几乎在每个企业中都存在着这样一个装备齐全而毫无用处的系统。

为什么会发生这种情况呢？首先，停下来反思往往比奋力前进还要费时间。而且，这么做还会显示出一种可能，那就是你不完美——没有几个人干劲十足地就为了得出一个这样的结论。并且即使你反省了，你也不用非把体会写下来或公之于众，让别人从中受益——这只是在帮助别人的情况下才是必要的。那么如果这么做了，是不是就真的意味着我想让别人知道我被有些事搞得头昏脑涨或把事情弄得一团糟的种种细节呢？我为什么会这样做？是因为我的上司觉得这是个好主意吗？这的确会让你峰回路转，但绝不是我。并且我仍然有个疑问：即使你毫无保留地写下所有你所知道的，可那些读的人也未必能完全领悟到所有的要点，因为他们没有切身的体会。这是一种学习，它同传授知识是一样的。

那记录最佳实践有用吗？当然。它是一个好方法，它迫使人们停下反思以前做的事，而不只是只知道一味地前进、疯狂地奔向下一个目的地。但虽然从促使团队反思这个角度看，它的确有价值，但那是不是就是说明组织建立大型复杂的最佳实践系统也是值得的呢？对这点我并不肯定。

最佳实践有一个弊端——它可能会压制异议和创新。最佳实践会有助于改进，但不是创新。创新是一项全新的事物，而改进是完善现状。虽然两者都有用，但两者却不能兼顾。从大体上说，最佳实践的针对点是效率，不是创新。

另外，在我的印象里，在最佳实践中还存在着一种让人担忧的趋势，到目前为止，它都是关于某位有出色才能的人是如何把一个创意搞砸的事。

《财富》专栏作家迈克尔·施拉格（Michael Schrage）曾报道过这样一家公司，它把最佳实践作为一项强制规定："在实施过程中，……'最佳实践'创造出了一种全新的公司运作的基准，它迫使每位员工都必须服从组织常规。"① 如果组织是以提高效率作为目标，那这种做法自然不错。毕竟，如果真的存在一种最好的方法，那么为什么不要求每个人都采用它呢？它避免了一切可能出现的"瞎搅和"和争吵的局面。但是在一个具有创新力的组织中，这种"瞎搅和"和争吵却是必要的。如果你总重复你做过的事，你得到的永远是你得到过的东西。在追求效率的过程和对于那些总爱出错的员工，最佳实践倒是一个可以起到规范作用的工具。

因此，为了在大范围内利用最佳实践，组织需要冲淡员工们的一时激情。想尽一切办法鼓励团队成员采用这种方法，并与别人分享相关的经验教训。这并无大碍，也许还会有些用处。甚至还可以让他们进入你自己的内部网。但是不要让这种做法成为必须，如果有人认为他有更好的方法，不要阻止他，并且也别认为你极力推广最佳实践就是在帮助创新。

总而言之，最佳实践会有一些帮助，但它的用处可能要比我们的期待有限得多。它们对提高效率有用，但不是创新。如果你为了这个目的而采用它的话，那你就别期望能有什么伟大的创意能从这样的流程中产生出来。

平等待人的曲解

企业总是尽可能得让自己所规定的规则平等适用于每一个人。但是考虑到等级制是企业机构的本质，他们可能会对某些人采取一种标准（如高级管理人员不限制餐费），而对其他的人采取另外一种标准（如其他人一天只报一餐），但这也并不能埋没他们努力试图实行平等待人的愿望。只有当你在组织中足够优秀时，你才能享受更优厚的待遇，但当你挤入到这个行列时，你又会和这里的人享受相同的待遇。平等待人这条准则背后的用意是可圈可点的。因为在组织中，没有什么事会比不公平、偏袒的待遇更能引起紧张气氛了。

但是在实行这一准则的过程中，我们却把实现平等待人的目标转化为对待每一个人都相同：我不管你的孩子病得有多严重，你一年只能有五天家长

① 《财富》（1999年3月29日），第190页，迈克尔·施拉格所写的《当最佳实践遇到企业内部网，创新便休假了》（*When Best Practices Meet the Intranet, Innovation Takes a Holiday*）。

休息日。不管你有多忙，每个人都必须在 3 月 31 日进行绩效考评。即使是在浪费时间，每个人也必须去参加会议。

我明白平等待人是怎么变成对待每个人都相同的。因为，对所有事都采用一个规则要比琢磨平等待人的真正含义简单得多。在过去，“一刀切”的方法或多或少也起到过作用，但当时劳动力供给旺盛、工作岗位匮乏，组织处于上风的地位。即使这种一揽子策略会给你带来负面影响，但你只能忍受。

然而，在知识工作者匮乏的今天，并且可以预见未来的状况基本也会如此，所以不论股市上会出现什么样的避税手段，我们都必须放弃那种“贪图小利”的想法。如果人们认为他们不再是企业中最宝贵的财富，那你也就丧失了保留知识资本的能力。我们需要寻找的是平等待人的方法，而不是对待每个人都相同的方法。

有趣的是，在商界中，人们都知道应该尊重顾客的需要，他们必须采用大量订制化，这就是说，必须把能制造出 100 000 件相同的衣服的流程改为能制造出每一件产品都会满足不同的客户需要的流程。我们已经从每个人都穿着中性夹克的时代走进了另一个时代，在这里每个人都能通过短款上衣、长筒裤，以及宽松腰带的不同搭配中找到适合自己的类型。

公司也同样需要实行大量订制化，就连工作环境也需要进行这样的改变。并且有些公司已经朝着这个方向做出了努力，就如激励组合的做法。你可能已经习惯了上统一的牙齿、医疗、残疾保险，不论你是不是有这方面的需要或是有其他特别需要。甚至你的另一半已经上过保险了，你在上保险时也得交纳包括他在内的保险费。现在，一些公司实行了一定范围的福利政策，允许员工从中选择最适合他们的福利制度。这仅是一个平等待人而非无差别待人的例子。如果我们想增强工作中创新的能力，那就需要把这种逻辑扩展到更广的范围中去。

要怎么做呢

如果你接受了需要停止无差别待人的想法，那在实际操作中要怎么做呢？挑战现有组织文化的一种方式就是先想一想如何在你所管的领域内实施新的规则。

规则通常是建立在假设的基础上，我们可能从来都没认为过我们每个人所“得到”的——无论是规定的完成时间，还是深紫色的布局，办公室的大小，但规则还是就这样建立了起来。因此，我们选择不在这些麻烦的、无休止地还费力不讨好的问题上纠缠不清，而是选择心甘情愿服从规则（比如一年 10 天病假）或者只针对重点问题（如争取主任或以上的头衔）才会提出少许反对意见。

但在小一点的范围内，我们就不用非得这样做。例如，如果基特的女儿病得很重，那你干嘛不睁一只眼闭一只眼，即使她缺勤很多也别去理会？如果有人在无人要求的情况下加了很多班，那你干嘛不鼓励他过个长点的周末，并且不把这件事记录在册？我知道你已经这样做了，但我建议你不妨做得更深入些。如果加里的兴趣就是写作，那你让他上一个创作性的而不是商业性的写作班不是更好吗？如果贝思不适应与团队一起工作，那么她可不可以先做一些单独性的工作，然后再过渡到团队的环境中呢？如果玛格丽特来自这样一个国家，她们的文化认为在会议上大声说话是不礼貌的行为，那你会偶尔要求你的队员把他们的想法写下来再交给你吗？这类事情会让人们得到他们想要的，而不是给他们的指令。

如果你工作在这样一种环境中，在那里总能听到你提出反对的声音，那么你是在通过把自己变成异议者来帮助每个人。当然，如果每次当你提出不同的意见时，你都得不到大家支持的话，你的思想就会堵塞，自然而然，你也会逐渐变得小心谨慎。如果是这种情况的话，我就建议你做得隐蔽些。我曾经有过一位这样的上司，他从来都对职员会议不屑一顾，并且把这种会议叫做“被浪费的 14 个小时”（因为在那时我有 14 个雇员）。他不允许我召开这种会议，但是那是我们保持联系的一个重要途径，所以每个星期我总是费尽心思地在一个不引人注意的楼层预定好会议室，然后像恐怖分子执行任务一样叫我们的人离开办公室去开会。

甚至在一个相当刻板的环境中，也会发生相当具有创新性的事。我曾有一个雇员，她工作做得很出色，但就是从来不用规定的方法去做。她总是去吃她无权享用的午餐，将未经公司批准的客户列在礼单上，当每个人都被要求节约开支时，她却坐着专机大张旗鼓地宣传业务。我花了很长时间想这个问题，但并不是想做出判断看她所做的是否正确——因为每个人都认为她的工作很出色——而是想她究竟是怎么做到的。这个“做法”肯定不会与公司规定相符。因为她所做的事是这么具有创造性，最终我得出了结论：只要当我被警察抓住时没有把手榴弹叼在嘴里就行，这样我就有足够回旋的余地进行狡辩，因为那时手榴弹早就被我扔出去了，即便有人在手榴弹爆炸地点附近出现，也不能就意味着手榴弹一定是我扔的。这就是我们为什么都非常成功的原因，因为我们谁也没有在错事上纠缠不清。

在这一点上，这个雇员就是一个非常完美的例子。本来在这样一种约束过多的环境中，她是待不长的，并且如果她离开了，我们就会失去她充沛的活力、丰富的经验和创新的意识。但就是因为我们达到了一种相互容忍的状态，这种做法也无损于组织规定，但也并非执行了规定的本意，可是这种做法却使得她继续留了下来，并且我们一起为组织做出了许多的贡献。

总的来说，我们需要创造一种环境，它与我们现存的环境相比，能够接受更多的行为。想做到这一点，你首先应代表你的员工身先士卒去打破制度，并且也允许他们打破你规定的制度。只有这样，你才有可能创造一种“大量订制”的企业环境。我们不应循规蹈矩地向着未来前进，而是应以各自最佳的方式向着未来信步走去。

这是偏袒吗

这是不是隐藏在你心里的一丝顾虑呢？毕竟，规定的一个好处就是一视同仁，如果用相同的规定对待每个人，你不会背上偏袒的罪名。

用相同的规定对待每个人意味着每个人都会感觉他得到了他“应该得的”。如果人们很长时间都没有这种感觉，那他们就可能会指责你偏袒。尽管如此，这会需要一段较长的时间。你需要用多长的时间才会相信你的上司虽然这次削减了你的预算，但下次他一定会给你补回来，同样，你的雇员也需要相同长的时间认清你的做法并不是偏袒。他们和你用的是相同的手法——他们会观察所发生的事。

总之，平等待人但不是用同一规则对待所有人，这样就会鼓励多样化的思想、异议，以及创新的产生。这也要求你把你现在所做的扩展到一个新的境界，允许人们打破那些对他们一点用都没有的规则。并且如果你真的被抓住了，怎么办呢？也许你可以引用一句中国的老话来为上有政策下有对策行为进行辩解：“山高皇帝远嘛”。

价值观趋同带来的障碍

这个原则看上去违反直觉。“难道你是说我应该让那些反对我的人将我团团围住吗？”也许吧，虽然不准确，但就是这样。

我想这在很大程度上取决于价值观对我们意味着什么。这有三类：个人喜好、公司价值观和基础价值观。让我们一个一个来说吧。

个人喜好

当某种东西被称做“个人喜好”时，很容易就可以知道你为什么会对它们有很高的容忍度。毕竟，顾名思义，个人喜好具有某种个人特质，它与工作表现几乎无关。我爱喝茶，你爱喝咖啡。我早上精力充沛，你要到深夜才会打起精神。没人会有意识地与某些人接近，只因为他们都爱喝茶或都是夜猫子。

但在明显的和以上所提到的不伤大雅的个人喜好与价值观之间却存在着一个灰色地段。比如，我是个不注意桌面清洁的人，我就喜欢在桌上堆满一打打的文件。我曾经有个上司，他有洁癖。我堆满了文件的桌子让他看着很难受。最终，他在我的绩效考核中提出了这一点。工作不错……但就一点不好。从我的桌子看出我不够专业。不仅如此，这还会造成安全隐患。天哪，谁会想到在一大堆乱七八糟的东西下面会埋着机密文件?

现在你可能同意我上司的观点，因此，我们在这一点上永远都走不到一块。但这已经不只是个桌子的问题了。它已经被提到了价值的高度。专业的程度与桌面上摆的东西联系在了一起。

一旦个人喜好被解释为价值，你就很难向它提出质疑。到头来，我们就只能争论一个不整洁的桌面到底是不是不专业的表现，而忽略了真正的问题，那就是这个反对本身是建立在一种假设上，它认为每个人做事方式都应该整齐划一。如果你继续这么做，并且把它扩大到更大的范围，那你就是将个人的特质强加于他人。更重要的是，它会形成一种抵制异议的氛围。一个连不同行为都不能被接受的环境中是不会有异议的一席之地的。

虽然大多数人（除个别有洁癖的人以外）都认为我所提的这个例子不是个问题，但其他形式的个人喜好却会引发更令人痛心的结果——如你工作努力的程度、最后期限的重要性、忽略规则是否合适、多邋遢才算邋遢（工作或外表）、多无礼才算无礼。

“等等!”我听到你在大声地说：“这些可不是个人喜好。工作的努力程度——这可不是我的个人喜好——这只是因为我必须把工作做完。”

嗯，有趣的区别。我同意。这一直都是个工作要求，这算一个。然而，这是一个微妙但又很重要的区别。如果它是一个要求，那它只会是——而不是、也不应该成为一个价值观。

让我们拿工作不够努力来举例子吧。如果你的员工在工作时迟到早退，你就需要向他指出这个问题。然而，大多数情况却不会是这样。更可能是，你的员工是个早九晚五的人。但他从不在班上多待一分钟，也不主动加班，并且不仅不鼎力相助还老要求延长最后期限。那你是不是就会想：“他这个人懒惰、不尽心尽力……”

但是你为什么会这么想呢？是不是因为如果他工作更努力些，你的部门就会完成更多的工作？是这么回事。但是这是你想要的，对吧？他为什么懒惰、不尽心尽力呢，因为他与你的喜好不同，是这样吧？

分清个人喜好与价值观这一点很重要。个人喜好只是指那些——你在个人的情况下所做的事。而价值观更多的是你所坚持的标准，以及你作为一名经理，衡量别人的标准。

把喜好（长期的）误作为价值观（勤奋或恪守职责）所带来的危害就是，它可能会让你忘记人与人之间本来存在着许多合理的不同之处。你可能受到诱导，所以相信你必须让你周围的人同你一样都具有某些共同的特质。因此你就把统一的标准强加到你的团队中，虽然在某些时候统一的标准会比较容易执行，但是这样的结果可能不值得你付出这样的努力。并且你在无形中也缩小了意见和方法多样性的范围。不仅如此，从大一点的角度说，这可能对基本价值来说是件好事。但你为了桌面的整洁和准时而扼杀异议，这代价未免也太大了。

如果我们想创造一种环境，在这里能听到许多意见，虽然并非所有都能被接受，但它们都可以被自由地表达出来，我们就必须先从那些减少个人喜好的数量做法人手，无论它是不是已经演变成了一种要求或是一种价值观。当然，也许你还会需要它们，不过，你对此需要的越多，你就越不可能鼓励一种适宜异议生存的环境，那也就是创新所需的环境。

最起码当你对某人的做法觉得厌烦时，你可以停下来问问自己这真的很重要吗？虽然我希望他准时参加会议，但在一系列宏伟计划当中，这很重要吗？我希望他对客户再礼貌些，但这种要求合理吗？

我知道这也许让人觉得不舒服，甚至不正确，但我也坚信，如果经理人们不重新定义那些他们认为是可以接受的或不可以接受的事情，他们就会认为创新是件“冒犯”的事，并把创新逐出门外。

公司价值观

好吧，也许你承认避免用个人喜好作为挑选或奖励员工的标准，这一点很重要。但是你肯定会认为你需要你周围的人接受公司的价值观，因为这正是我曾采访过的高级管理人员们的观点。即使组织中每个角落都可以对异议敞开大门，但一说到他们自己，他们就降低了标准。“组织中有些事必须要坚如磐石。”他们说：“如果你没有它们，那你就失去了存在的理由。”你可能会对他们的说法产生共鸣。但如果你一天继续这种“服务”你就一天不能得到创新，这个世界真的就是这样。

对于那些想要前进的人来说，我同意公司价值观必须稳定的说法，因为对于他们而言，效率很重要。但是只有在很少见的情况下，公司价值观会具有基础性。它们可能（特例除外）是这样的，如“为客户服务”“优质”“负责”“创新”——所有都是用优秀、积极的方式制造出来的价值观。如果你周围的人很少质疑他们的价值观，那你即使在需要改变价值观时，也不大可能察觉出来。

让我给你举一个最近发生的例子吧。嘉信理财（Schwab）是家投资公司，它通过实行月租费仅为29.95美元的网上股票交易，招揽了大量金融业务。嘉信理财希望能同时保有两条业务线——传统证券交易实行佣金制和网上交易费为29.95美元的个人服务。但客户都很精明，他们名义上在传统账户中保留一小部分钱，由此能得到券商的一些买卖建议，实际却通过网络进行大量的交易。鉴于这种情况，嘉信理财决定对所有的业务都实行29.95美元的收费标准，无论是网上交易还是通过传统的渠道。因为传统证券交易的平均佣金为65美元，所以你肯定能想像的出这一决定给公司和整个产业所带来的震动。

假如在嘉信理财首次宣布这一革命性做法之际，你是阿珂姆（Acme）金融服务公司重大事项部的副总。你的公司的宗旨是“服务、审慎、负责”。嘉信理财的动机引起了你的注意。你的公司有一个聪明的青年人，就叫她特丽丝（Trish）吧，想出了一个回应这个威胁的策略。

特丽丝：我们必须与嘉信理财在价格上抗衡。

你：什么？甚至在券商服务方面？

特丽丝：他们就是这么做。

你：我真不知道他们能保证什么利润。

特丽丝：但在线交易是在成倍地增长。如果我们赶不上趟，火车就要离站了，你知道我说的是什么。

你：你知道为培训一个好的券商我们要花多少钱吗？我们怎么补偿

每笔交易30美元的投资。

特丽丝：我不知道，但……

你：不仅如此，阿珂姆一贯支持顾客服务。阿珂姆的人总是……

特丽丝：总是半夜把客户从床上叫起来让他们退出……这我知道。

你：得了，这只是种传统，我们还有……这都是我们一贯支持的。

特丽丝：但是网络……

你：没错，网络，很厉害的东西……但客户不会不需要那些好的、负责的建议。服务、审慎和负责。

特丽丝：但是……

你：不，特丽丝，这个公司不能丢弃每件它所支持的事。肯定还有其他的方法。

我不知道你和特丽丝谁对谁错，但我知道你不愿讨论任何违背公司价值观的事，这阻碍了你接受这个想法，虽然这个想法听上去有些令人不快，可是也值得考虑。你怎么才能换个方式做呢？让我们再重新接着往下看。

你：没错，网络，这东西很厉害……但客户不会不需要那些好的、负责的建议。服务、审慎和负责。

特丽丝：也许吧，但是看看那些交易数量。

你：我知道，我知道……它看上去并不乐观。也许这只是一时的潮流。

特丽丝：也许它不是。

你：我就是不能相信人们不再需要建议了。

特丽丝：但是，看看我们的收入目标，这个季度我们又没达标，绝大部分都是由于我们现有客户的流失造成的。

你：你是对的……

特丽丝：我告诉你，我们必须挑战他们的价格，并且还得快点。

你：哎，我希望你错了……我就是不能相信难道服务不再重要了……但也许我应该在下次高级管理人员会议上提出这个想法。至少提一下这种可能性……

特丽丝：绝对应该。并且要让他们赶快行动。

你：我不知道这会不会真的发生，但我们需要讨论。

再重申一下我们讨论的目的，不是关于你和特丽丝谁对谁错的问题，而是你表达了一种接受的意愿，虽然不乐意，但鉴于所面临的新形势，应该重新考虑一下公司的价值观。

这个关于价值观的讨论，不会经常甚至频繁地发生。如果它发生得太频繁了，人们就会感觉它像纺车一样，一点都不稀奇。但即使它发生了，你也不用非得改变你的价值观。事实上，在上面的例子中，就已经可以开始看出你的看法是正确的。人们正在意识到仅靠他们的冲动和网络搜索是不能与券商数年来专业的、缜密的经验相提并论的。所以你所能做的就是想办法维持生存，坚持到人们明白了这一点为止。

公司价值观不会经常改变，但会比过去频繁一些。虽然我们明白只有变革才是永恒的，但我们还是没能理解这其中的含意。变革指的不仅是我们的所作所为，还包括我们的信念。

总而言之，你需要你周围的和你一样有着相同目标的人和你一起努力去实现梦想。但是你也需要某个人或某种氛围，允许它们对你正为之努力奋斗的目标和价值观提出质疑。否则，当事情需要发生改变的时候，你则会只顾忙着赶路，而忽略了这已经不再是你要走的方向。

基础价值观

即使我说服了你，使你相信对公司的价值观提出异议不是件坏事，你肯定也会认为基础价值观是件极神圣的事——就像你对别人的尊重、对民主的信仰、非暴力、诚实，等等。如果生活没有了这些，那么生活将变得艰难并且失去了价值。如果你周围的人与你的基础价值观不符那就没有意义了，因为这些东西是永恒不变的。但历史告诉我们即使是最基础的价值观也会发生改变。

在20世纪前叶，欧洲和北美的妇女获得了投票的权力。从一百多年由它所产生的优势地位来看，很难想像当时那些所有的忙乱——如今这些都被认为是理所应当的。但是投票权的确给当时的社会价值观带来了冲击。妇女一直都被认为是家庭的一个部分，男人才扮演与外界互动的角色。女人的角色就是在家里。对于妇女来说，提倡让她们的声音从她们丈夫的声音中分离出来，这无疑是要改变社会的支柱。正如世界所知的那样，秩序需要进行调整。

20世纪70年代的越南战争又为我们提供了另一个关于我们的价值观是

如何改变的例子。当人们首次开始提出反对意见时，他们受到了身体上的和言语上的双重攻击，他们被认为是不爱国的、反美的、不忠实的人。“我的国家不论对错，都要支持”这是国家价值观的重要组成部分。然而今天，人们可以自由地反对在伊拉克的战争，而不会招来相同的愤怒。

这些例子向我们展示了这些我们曾有过的、关注过的、深信不疑地那些最基础的价值观现在不是失去的效用，就是改变得早以面目全非，连前辈们都认不出来了。阿尔弗雷德·诺思·怀特海（Alfred North Whitehead）是位有名的英国数学家和哲学家，他曾说过：“伟大的思想从现实中来，带着奇怪伪装，连它的同盟者都骗过了。”如果我们要伟大的思想，我们就必须接受这种可能，即我们一直相信的也许并不像我们想像中的那样真实可靠。

对基础价值观提出质疑很难。然而，你却可能遇到一个正在这么做的异议者。那你将如何分辨哪些价值不能改变，哪些又是应该明智地听从异议者的建议呢？从本质上说，我也不能确切地回答你这个问题，但每当面临这种情况时，你就试着问问自己以下的某个或全部问题：

- 如果价值观根据异议者提倡的方式进行了改变，那我还想继续留在这里工作吗？我还会很荣幸地说我为这家公司服务吗？
- 如果价值观改变了，我将如何去接纳它？它会使我变成我不想变成的样子吗？
- 价值观的改变让我很沮丧的原因，是不是就是因为我要重新思考我的所作所为或我所关心的事呢？如果原因是后者的话，是不是因为我不能接受任何改变或是对它的不同的解释，所以才会这么关心受到攻击的价值观呢？

有某些价值观的确不能允许任何一丁点的改变。我认为这样的价值观并不多，但是如果有就必须牢牢地把握住。但是对于大多数是价值观但不是基础价值观的事情来说，当重新考虑它们的时候，你需要从你周围的人当中获取信息。你不用总做改变，但是要对各种可能性都采取接纳的态度，这样才会鼓励异议。

所以，请记住，从个人喜爱，到公司价值观，再到基础价值观，越是处于这一链条前端的问题，就会越难对它提出挑战，我们也会给我们自己越少的自由空间去发现真相。

隐藏在“捕捉创意流程”中的陷阱

在与客户共同为管理知识和鼓励创新努力的过程中，我注意到一个趋势。每当我采访那些精英团队时，有人总会这么说：“我知道组织外有许多好的创意，可我就是没办法捕捉到它们。”组织的确需要一种方式，使它们能从其他人的思想中得益。然而，他们表达这种愿望的方式却会与曾经孕育并一直影响着我们的制造业/机械化时代的理念相背离。

当经理们讨论“捕捉”创意的时候，他们的意思就是想用什么东西来罩住或关住创意。但创意就像飞奔的野马一样，它拒绝被关起来。可是经理们却提出了反对意见，他们认为我对这个词有点小题大做——他们真正想要的是一种流程去捕捉（哎呀，我又用这个词了），去控制，不，去注意那些创意。当我再把这种意思稍微扩展一点儿的时候，他们的这种流程就变成了某种结构上的、一概而论的、正式的并且贯穿于整个组织的东西。

这就是我们所学到的如何在我们的环境中利用其他有用的资源。还记得吗，组织曾有过相互不兼容的电脑系统和程序？虽然这种做法会造成混乱，并且不利于效率，但是这样却能合理地得到程序的控制权。同样，组织中有成千上万的事情需要置办，合理的做法就是把所有信息都放在一起，建立优先等级，这至少在我们这样一个世界里是完全说得通的。但在信息经济体制下，这种处理重要资源的方法就不再有效了。

做白日梦、捣乱、目标不明确、为了研究而研究——所有这些事情都不利于效率，但它们却是创新必要的先行官。这就好像你煮着一大锅东西，虽然它们看上去不相干，可是却每隔一会就会冒出来一个伟大的创意。不过我们是坚决地要把做白日梦和捣乱分子从我们的商业流程和生活中剔除出去的。如果你所做的不能产生直接成果，那你就是在浪费时间——这就是制造业的思维观点。可创新不是个线性过程。你不能命令它（“你得想出个有突破性的创意来”）或者给它安排个时间表（“明天上午10点之前”）。因此，试图把创意的产生变成一种流程，这样做不会产生任何效果。虽然完全的混乱不能带来结果，但完全都是规定、制度，这也不能带来结果。当说到创新时，有一点混乱是件好事。

然而，即使在创意产生的阶段你接受了混乱的状态，也仍然存在一个问题，那就是你如何把混乱中的创意变为有价值的事情。想再回到流程，是吗？

也对也不对。你的确需要流程，但这不是我们正常意义上的流程。考虑到知识的特性，捕捉它与利用它是两件对立的事。它所需要的流程不是那种结构上的、一概而论的、正式的并且贯穿于整个组织的流程，而应是非结构性的、松散的、非正式的流程。关于这方面的内容我们将会在第9章异议的结构和运行机制中进行讨论。

概 要

根据这样的思路，作为一名团队成员、工作勤奋努力、使命感等品质成为生活中的一个组成部分。并且还分别转变成了价值观。这时组织当初鼓励它们、培养它们的原因就已不复存在了。因为这些品质曾经让人们变得更加卓有成效、从而更具有自身价值，所以组织鼓励它们，但现在这一点已经变得模糊不清了。虽然鼓励这些品质无可厚非，但是当这些品质丧失了与最终效果之间的联系并且还各自演变成了价值观的时候，它们可能就会阻碍人们追求更高层次的需求——比如创新。

要 点

- 某些经理们认为是积极的事情，实际上它们却会压制异议。
- 运用最佳实践可以提高效率但不是创新。
- 平等待人被曲解为用同一标准对待每个人。
- 用你的价值观去看待别人会阻碍你对价值观、所追求的目标提出质疑。
- 设计一种能捕捉思想的流程可能应该更倾向于创意之间的自由碰撞，而不是一种系统化的流程，这种系统化流程反而会曲解或压制它所捕捉到的创意。

第5章 谁是真正的异议者

异议者是在成就创新的过程中令人兴奋的资源，但对于那些需要管理员工和流程的经理们来说，异议者却会给他们招致麻烦。在本章我们会分析异议者的特质，并且区分哪些是真正的异议，哪些是在惹麻烦。

异议者的角色

在组织中你会需要两种异议者。第一类是那些虽然在整体上忠于公司的方向，但当事情出差错时他也会勇于指出来。异议者很容易被压制，因为他们对于办公室政治十分敏感，这使得他们经常把自己的声誉置于挽救组织之上。

但是还有一类异议者，他们同样对组织很有价值，准确地说是因为你往往很难压制他们。他们就是天生的异议者，总会与管理格格不入。他们不断地提出问题，没人能体面地逃过去。就像“我们为什么要给产品定价，难道就为了让那些本来大量需要它的人最后只能买得起少数的几个?”或者“为什么当研发部门做出最大努力时业务部门却得到了最多的奖励?”再或者“我们的经理已经十分严厉，可为什么我们的竞争对手还是比我们成功?”他们执著地坚持“面对权威说实话”，即使“权威”根本就不想听。虽然他们遇到种种阻碍，但许多异议者还是给我们带来了伟大的创新。

我个人十分欣赏伽利略（Galileo），因为他是这样一个让人头痛的人，而他对西方科学的贡献却又如此之大。人们赞美他，因为他发明了望远镜、研究出了科学的方法、支持哥白尼（Copernican）关于宇宙的观点。也就是由于这最后一项让他卷入了与教会的麻烦之中——他那个时代的最高权力机构。

对于你们的那些人，这只不过是高中所学的知识，现在已成为退了色的记忆。在1543年，尼古拉·哥白尼发表了他的理论，他认为宇宙的中心是太阳而不是地球。伽利略通过观察认为哥白尼的说法是正确的，为了支持这个理论，他也开始毕生的奔走游说，以至于他受到被逐出教会的威胁。

今天，由于我们有了科学和科学的方法来护卫我们的思想，我们很难理解当时对于教会来说伽利略的观点为什么会是如此的不可接受。首先，《圣经》上的每个字都被认为是真的，因为人们把它看做是圣书。因此，人们相信太阳真的会照耀约书亚（Joshua）的信徒，并且地球是“永恒不变的”。伽利略的信仰是异教。

不仅如此，对于他是如何得出结论的，人们也争论不休。正确的方式是学习《圣经》和亚里士多德（Aristotle）的观点。抛开好几世纪所总结的智慧不学，而是依靠自己的观察和结论，这种想法是大不敬的。另外，形成自己的判断是对教会的一个巨大威胁，因为新教徒——他们的中心教义就是这样——人数不断上升。

因此，教会强迫伽利略服从他们的规定，这也是可以理解的。但是令人迷惑的是有两位同时代的人却从未受到教会的逼迫。哥白尼本人虽然受到众人的嘲笑但并没有受到制裁。另一位是乔纳森·开普勒（Jonathan Kepler），由于他在理论上所作的突破被认为是仅次于伽利略的天文学家。

那么为什么教会非要逼迫伽利略放弃他的信念，而对别人就不这样呢？阿特·克莱纳（Art Kleiner）在他的一本名为《异端者的年代》[①]（*The Age of Heretics*）的书中提出了这样一个非常有意思的理论。他说教会不逼迫开普勒是因为他忽视教会的存在，然而伽利略却想改变教会。他想让教会去“教人们如何走向天堂，而不是教天堂应该走向何方。”

历史的研究证明伽利略的确继续与权势在作斗争。他是个激烈的争论者，他不只是单纯地想说服他的怀疑者，并且还嘲笑他们、摧毁他们。甚至在1616年他被迫重新宣读了他对教会的信仰之后，还继续为发表《关于两大世界体系的对话》（*Dialogue on the Great World Systems*）而努力工作。这本著作不仅重复了他异端的观点，并且讽刺教皇乌尔班八世（Pope Urban Ⅷ）的观点，而乌尔班八世是他的资助者，为他的研究凑齐了每个铜板。你肯定在想这个人可真不善于耍手腕。即使倒退到当时，你也肯定不会咬住喂你食的那只手。

再来讲一个离我们近点的例子，斯蒂文·乔布斯（Steven Jobs）现在是

① 阿特·克莱纳，《异端者的年代》（纽约：Doubleday公司1996年出版）。

第二次作为苹果公司的首席执行官。他第一次被逐出这个位子部分原因是，人们认为他自大、过于雄辩、并且脱离现实。事实上，他的部下曾开玩笑说当他们第一次看见他时，他们仿佛进入了一个“现实被扭曲了的地方”。《财富》杂志把他现在所取得的成功部分归功于他非正式领导风格的改变。就因为他对于董事会和每一次与他合作的人来说，都是个非常难打交道的人，苹果就赔付了他一大笔钱把他“请走”了。但在以后的数年中他们一直没有方向，没能创出引人注目的前景，还失去了市场份额，在创新方面也不成功，并且在个人电脑的领域里也同样失败。

20 世纪 60 年代，莱曼·凯彻姆（Lyman Ketchum）是托皮卡·盖恩斯伯格狗食工厂（Topeka Gainsburger）的经理。他接管这个工厂时，这里怠工现象普遍、员工士气低，但他最终将它改变为后工业时代的主要的可供参观的工厂之一。他随时随地的融入到工人当中，与他们制定设计工厂的方案；让团队自己权衡他们的工作和目标；在他的工厂里没有特权消费。生产率比要求的多提高了 50%。然而，当他试图把这种能取得巨大收益的方法推广到整个食品系统时，他却被告之他不会再得到提升，事实上他还被降职了，并且最终丢掉了工作。他的主管抱怨说他从来就没有解释清楚过他要干嘛，以及为什么要这样做。当质问他时，他却只是倔强地回答：“这是惟一的办法。”他被看做是个不能被压制、总去冒犯权力的狂热者。

其他许多创新者都在让别人接受自己这方面遇到过问题。特德·纽兰德（Ted Newland）曾因把壳牌石油公司（Shell Oil）从石油危机中挽救出来而受到人们的赞誉，但同时他也被认为是顽固、脾气暴躁、古怪的人。杰伊·福雷斯特（Jay Forrest）发明了系统动力学（system dynamics），它可以用来解释所有的事情，从机械到全球温室效应，但人们却认为他是个目空一切的家伙。家得宝的两位创始人都曾从他们的第一份零售工作中被解雇。事实上，当开办家得宝时，他们曾与一位“自命不凡”的投资人激烈争吵过，并且最后还拒绝了他的投资。这位投资人就是罗斯·佩罗特（Ross Perot）。蒙哥马利·沃德（Montgomery Ward）零售公司的首席执行官解雇罗伯特·伍德将军（General Robert Wood）的部分原因就是认为他是个“很麻烦的人”，他不断地实施他关于商务的新理念——身体力行地建立商店查验他的理论。后来西尔斯公司（Sears Roebuck）雇佣了他，在他的带领下掀起了一场商务革命。美国大陆航空公司的首席执行官戈登·贝休恩（Gordon Bethune）是一位能“在公司文化一直不佳的情况下协调各种因素找出一条最有效的补救措施”[①] 的人。可他上高中时却是个捣蛋鬼，考试不及格，并且还是个不被别人接受的人。他在海军服役期间曾受过 90 天帮厨的处罚，因为他曾威胁说要把一名水手丢到海里去。

因此虽然那些人在工作中取得了巨大的成功，但他们并非一帆风顺。托马斯·沃森（Thomas J. Watson Jr.）是 IBM 公司的创始人，也被认为是本世纪最成功的企业家，他说：“对于提拔我不喜欢的人，我从未犹豫过。认为‘与一位不错的小伙子一起钓鱼’才是件很享受的事，这种想法隐藏着某些危险。我会和那些精明、不易合作、说话刺耳的人待在一起，因为他们能看见并且会告诉你事情的真相。”[②]

一揽子交易

为什么沃森会这么说？他为什么要特意去雇那些天天让他头痛的人？因为他的直觉已经告诉他那些我们才刚刚理解的事——异议和创新其实是一揽子交易。所讨论的那些人表明了想要创新的人所需要的一切特质：直率、坚持和聪明。但是他们同时也有其他许多品质，这些都构成了具有创造性的性格。

首先最明确的一点是，他们不墨守成规，甚至具有反叛精神。他们是局外人。这种在团队中保持局外人的思维能力的人非常有利于创新，但也会为团队工作带来困难。创新者通常都有一种研究者们称之为“超然的态度”去处理人际关系。这就是说即使他们有一些交流沟通技巧，也未必会运用这些技巧。再者，在组织中容纳一种挑战的个性是要建立在赞同和妥协的基础上。研究结果同样显示，创新者需要有很高的自主性。这是在管理层次中很难做到的事。

另外，创新者的第一忠诚度可能是出于对他们职业的忠诚，而非公司。他们会很尊重同行，但他们也会尊重他们的经理吗？通常情况下不会。事实上，因为他们不明白、也不感兴趣，并且也不参与组织生活，他们对经理的

---

① 《财富》（1999 年 12 月 20 日），第 176 ~ 186 页，布赖恩·奥赖利（Brian O'Reilly）所写的《拯救了大陆的机械师》（*The Mechanic Who Fixed Continental*）。

② 《财富》（1999 年 11 月 22 日），第 118 页，托马斯·斯图尔特、阿莱克斯·泰勒（Alex Taylor）、彼得·皮特尔（Peter Petre）和布兰特·施兰德（Brent Schlender）所写的《20 世纪企业家》（*The Businessman of the 20th Century*）。

尊重程度取决于经理的技术水平。如果经理根本没有技术或者比他们低、或者早已过时的话，他们不愿意听从那些经理的指挥。在他们眼中不存在其他的技术——例如建立联盟的能力、管理团队的能力——这些也同样的重要。

最后，一项对企业家的研究结果发现，他们通常会在做领导者或创业方面经历失败，因为他们往往都太自大了。然而，自大是在逆境中保持动力和激情及继续坚持努力所必需的，这也是创业的一个不可缺少的组成部分。因此，这对于异议者也一样。当每个人都嘲笑他们的时候，他们需要激情和动力来支撑他们的信念。他们有一种能力（黑格尔称之为理智力），那就是即使有人给他们脸色看，他们也会说“不”。他们竭尽全力得到正确的答案，但他们却不会去争取权力来实施这些想法。他们甚至可能会为自己拒绝“耍手腕”而沾沾自喜。但是在今天的环境里，这经常被看做自高自大、不妥协的行为。

所以，对于组织来说，这是一个进退维谷的难题。一方面，我们想要创新者的创造力和他们的满腔激情。另一方面，创新者在建立联盟的能力方面的无能，甚至由此引发的在正常接受规则方面的问题，使得融入组织成为挑战。我们喜欢他们是因为他们不搬弄是非，但他们执著地追求事情的真正原因也会激怒我们。这种品质成就了伟大的创新——激情、动力、不同寻常的想法——它们也被追求效率第一的组织看做是自大、无理和不妥协的行为。

但是我们周围还是有这样的人，他们没有建立联盟的能力、不追随组织确定的方向、有大自我的意识、不忠于公司、对自主性有很高的需求、几乎没有融入组织的兴趣，并且对经理和管理评价很低——一想到要领导这些人就会让你浑身发抖，对不对？你也只是个平常人，你渴望他们能和别人一样与大家相处融洽。如果你的主要目标是提高效率，那么，你这样做没错。

但如果你的目标是创新，T·J·沃森告诉了我们方法。他注意到一个词“狂热的野鸭子”——机智、独来独往、有很高理智力的员工，他们忽视程序、避开成套的计划、拒绝那些让他们更富效率的尝试。因为他们非常具有创造性，他们警告组织说一旦他们被教化了，他们就再也不能狂热了。

那这是不是说当他们打算冒险、违反常规、威胁，甚至准备轻率地对待计划时，我们就不能压制他们的这些做法呢。一旦被教化了，他们就没有这么做的能力了。那么我们就会很迷惑，为什么无论我们怎么努力，我们就是不能得到足够的创新。为什么狂热的野鸭子一旦被教化了就不能再狂热呢？

急迫驯服狂热的野鸭子

虽然我们知道教化狂热的野鸭子或异议者不好，但我们却又急迫地要去这么做。这是为什么呢？原因之一就是我们把经理人和异议想成是两个不同部落的人。经理人这个部落重视效率、秩序和赞同，而异议者的部落注重思想、自主性和无政府的自由状态。

但这也不是说经理人就不注重创意或异议者就一定会嘲笑效率，但异议者会为了自主性而牺牲秩序，同样，经理也倾向于做出相反的决定。组织同时需要这两套价值理念。但问题是经理人的部落拥有权力，而异议者的部落却没有权力。所以，提高产生率、维持秩序、取得一致的赞同要比创意和自主性来的更容易。

但因为我们既需要孕育创新，又需要提高效率，所以我们就必须创造一种合作的环境，它同样也允许、甚至会鼓励不合作的人的存在。这虽然听起来是件不可思议的事，但事实上，我们已经在这样做了。战争时期，所有有工作能力的男人都要去服兵役。在很长一段时期内，除非体格检查不过关，否则男人是不允许拒绝服兵役的，无论他的个人信仰是什么。可是，渐渐地，人们也接受了拒服兵役的想法。因此，在许多国家里既有在战争时期必须服兵役的规定，又有打破规定的方式。由此看来，我们必须找到某些方式，在不试图驯服那些不符合环境的人的同时还能与他们合作共同前进。

在以下两章中，我会告诉你要如何才能做到这一点，但是在这之前让我们先来看看如何区别真诚的异议者和麻烦制造者。

太容易的创新所带来的问题

你读过科幻小说吗？这是我的一个秘密，我特别喜欢那些原本是为青少年所写的老掉牙的东西。罗伯特·海因莱因（Robert Heinlein）是位科幻小说界的奇才。在《月亮是一个严厉的妇人》（*The Moon is a Harsh Mistress*）一书中，月亮被描写成了一个被统治的殖民地。它是地球的一个二等卫星已经很长时间了，所以人们开始反抗。在革命前，一位聪明的老教授指引他们，敦促他们要阻碍新法律的颁布——因为新的法律就可能导致新的暴君。其实创新也是这样。在任何组织中，真正的创新都是一种破坏性的力量。它改变我们经营的方法、破坏原有的市场格局、重新分配工作和劳动力。你需要倾听异议，然后从中挑出创新的

> 成分，它所带来的回报会超过它所带来的破坏。当然，所有的创新者都为一件事而苦恼，这就是伟大的——但也算不上特别伟大的——思想。

发光的不都是金子：如何分辨异议和不尽如人意的行为

异议者需要是坚强、忠诚的人。他必须足够坚强（或者也许足够健忘）才能忽视或继续面对抵制的压力前进。并且他必须足够忠诚，去不断地尝试改革，而不是试图把他的想法带到某个与他意趣相投的公司。异议者为了不变成另一只温顺的绵羊，他们为此付出了极大的个人代价。因为组织由于他们所提出的异议而变得更加富有创新力，因此，他们应该被珍惜，而不是被责难。

"等等，"你可能会有反对意见，"这话听着怎么像是说所有抱怨的人和捣乱者都有着百合花般纯洁的动机。这不是真的。"

事实上我并不是这个意思。任何工作了很长一段时间的人都见过那种只知道抱怨的人，或者那些上司，他们把工作包裹在一层愤世嫉俗的外衣下，或者那些拼命督促员工的议程。无论出于什么原因，他们都不是异议者，尽管他们努力地把自己表现的像异议者。你如何区分他们之间的不同呢？它什么时候是异议，什么时候是阻力、是不服从或者只是一般地愚蠢和顽固呢？在不主动认为某种异议是不好的情况下，你如何分辨呢？

我想用两个故事做一下对比，其中一个你已经听过了。第一个就是新雪丽保温材料的故事。如果你还记得，3M 公司的首席执行官在不情愿地让它进行之前，曾经 5 次试图扼杀这个项目。另一个故事是关于山姆的，很不幸我曾经为他工作过。我们不谈那些细节了，山姆曾经通过不断去找首席执行官打小报告的方式试图扼杀我的一个主要项目。我认为他就是个捣乱者，而不是个异议者。但是区别在哪儿呢？是不是因为我碰巧遇到最糟的情况呢？显然这个原因不成立。在 3M 公司肯定有其他人也碰到过类似新雪丽的事。

区别是什么？在这两种情况中都有人不断坚持说他们不同意。并且，在这两件事中如果事情按抱怨者的意思进行，他们个人都会从中受益。但这本身不是提出反对意见的理由。毕竟，总会有人从事情的另一面中受益。

正如我所想的那样，主要的区别在于异议者和捣乱者是不是把公司的利益放在首位。在我的脑海中，这就是这两个故事的分界线。新雪丽保温材料取得了巨大的利益。但山姆却不能提出更好更有效的办法去达到我能达到的目标。他没有备选方案，他只是试图避免失去控制权。

很自然，任何人都会对办公室政治有一定程度的悟性，以保证他的行动只出于组织利益的考虑。否则就是有勇无谋。所以你是怎么分辨的？这不是一个容易回答的问题。让我们看一个情景，看看你能不能区分真正的异议者和捣乱者。

你的公司刚刚接管了以色列的一家公司。两家公司有几项功能是相同的，其中一家必须转向工具开发。布赖恩是你这边的人，他想和你谈谈此事。

布赖恩：嗨，琳达，我们的会议已经准备好了吗？

你：当然，有事吗？

布赖恩：我想和你谈谈关于以色列那家公司的事。我从我的人那儿得到了不少消息。

你：说说看。

布赖恩：那好，有消息说你要到以色列那家公司去进行工具开发。

你：波特斯那边着手做这事比我们要早。有这可能。

布赖恩：当然，你已经意识到了，如果你这么做的话，我的人就会立刻辞职。

你：为什么？这有很多其他不错的项目。

布赖恩：不为什么。他们想做的就是这个。

你：是吗？你同他们谈过了？

布赖恩：还没，我不想同他们谈，但我就是知道。总之不管怎么说，我们不应该让波特斯他们得手。

你：你是什么意思？

布赖恩：你知道吗，琳达，工具开发是个很抢手的项目。我们为什么要放弃呢？

你：但是他们是我们的。

布赖恩：倒也是，不过让我们现实点。我是说，毕竟，我们收购了他们。那这也就不算什么了？

你：比如说？

布赖恩：好吧，有句老话不是说谁付钱谁挑曲子吗？

你：我不明白你的意思。

这个对话可能还会继续进行下去，但是我们已经得到了我们想要的结果。如果有人说出了他的真实想法这就很不错，对不对？"我想保留我的地位和权力，我想赢，我想要那些人输。"但事情并不是这样的。布赖恩威胁公司（如果以色列的公司进行工具开发，他的程序员会离开），但是我听着这不像真的。我想这更可能是他为"不接受"的动机披上了一层伪装。你需要仔细地听才能把它们分辨出来。为了确认我的怀疑，那就问问他的机动。

你：如果工具开发的项目真的动作起来了，这会对你很不利是不是？

布赖恩：对我？不会，我去哪儿都行。

你：我肯定就是这么回事。你在这白手起家，你很难选择离开。

布赖恩：我根本就不在乎这些。

你：真的？但是它会影响你。

布赖恩：不会，没问题。我只考虑公司的利益。

可以判断出来了，对吧？从我个人来说，我会怀疑那些不承认变化会给他们带来影响的人，特别是负面的变化。你以前同布赖恩打交道的经验会帮助你判断他是一个异议者还是一个投机取巧的人。如果你相信他，很好，那么你们两个人就可以一同研究解决问题的方案了。如果你觉得投机取巧的成分大于把握机会的话，你可能就会这样处理它。

你：好吧，布赖恩，我想我明白你所关心的了。我会把它们记在脑子里。

布赖恩：我们应该在这边进行工具开发的项目，这一点很重要。

你：我能看出来你的确认为这很重要。

布赖恩：只是因为没有别的方法……

你：谢谢，布赖恩。我想我们现在已经做了我们能做的事。如果我知道了别的事情的话我会找你谈的。

记住，说“我会把它们记在脑子里”不是为了打发布赖恩走。一个有关想法的麻烦事就是你很难快速地对它的价值得出一个肯定的结论。因此记住他所关心的问题，即使你基本上已经确定了他是个投机取巧的人，而不是个异议者。

同样也不要因为他在耍手腕就打发他走。请记住合理的异议也需要耍些手腕。虽然不耍手腕很重要，但你也不要被它的假象所迷惑而错过了一个好的想法。

正如你所看见的那样，一个人是不是捣乱者，或者一个异议者有没有正当的理由，当你想做出决定时，你都应用下面的问题来帮助你得出结论：

- 这个人在过去有没有过好的想法？
- 他是不是一直都在努力做正确的事？
- 他通常是不是个维护自己地盘的人？
- 他的眼睛是不是总盯着下一次晋升或如何给上司留个好印象？
- 通常，他说的话能兑现吗？
- 你在根本上相信他吗？

这里有两件事很重要。首先，不要自动认为那些反对你的人就一定会从中受益，并且把他们定义为捣乱者。其次，对他们从中所得到的利益提出质疑。如果你不肯定，那就从长计议，继续查明他们的观点怎么才能比现行的好。如果感觉这个想法的确有可实施的价值，那你可能就需要容忍这种一意孤行、自负以及缺乏团队合作技巧的行为。并且你要考虑以前的管理可能有些严格。

雇佣异议者

是不是所有这些已经让你开始想：“好吧，不错，我准备从现在开始雇佣异议者了”唔……别这么想。就像我们以前讨论过的，异议者和捣乱者之间有一条分界线，并且我也不能十分肯定那到底是什么，不过繁琐的面试程序算一个，它是为了让你确定你要找的就是他而不是别人。

另外，我认为这也不是必须的。还不如去听那些人是如何在另一份工作或他们的生活中多么具有创新精神。因为这是必然发生的事，如果你得到了创新，你就会得到异议。但是如果你为了创新而去雇佣某人，记住，以为少许几个人就可以创造新的环境，这是一种谬论。组织通常都在压制异议方面很在行。多数组织文化不是把异议者铸造成符合他们那种非创新的标准，就是让他们感觉待不下去然后自动走人。只有一种特例，那就是创新者是从这群人里出来的，并且已经把这种阻碍扔到了一边。但这叫革命对吧？不会有掌权的人自己故意抽打自己的。在下一章中，会讲述如何开始创造一种无需推翻而又能鼓励异议的组织文化。

概　要

异议者和创新者都是局外人。异议者的特质会让人们对他们感到厌烦，比如自大和不切实际，而特质的另一面——如激情和动力——就能保证活跃的思想。如果我们可以把想要的性格——如激情——同不想要的性格——如不切实际分开的话，生活会变得简单多了。但这就是一揽子交易，好的与坏的总在一起，就像麦子与谷壳，马和马车一样（你应该在画中见过）。

要　点

- 创新的特质——激情、动力、违反常规的思维方式——给组织带来了麻烦，被认为是自大、不切实际以及不妥协的行为。可你不能只要一方面而不要另一方面。
- 技巧就是管理这些人，让他们贡献出他们的想法，同时保持高效。

第 6 章
做成功异议者的幕后支持

创新者/异议者能够为组织提供有价值的创意，但却由于缺乏处理公司政治的技巧而使组织难以接受并实施这些创意。事实上，他们往往还会对自己这种不屑“搬弄权术”的作风颇感自豪。然而，如果运用政治手腕能帮助其他人更好地理解某种创意的重要性、使别人融入到它的完善发展过程，并且有助于筹集资金以及在创意的实施过程中获取支持的话，这种政治手腕就是成功的关键一步，这也正是一个创新者的领导们所应该完成的工作。在本章中，我们会着重讲述经理人应如何来充当这样的角色及其所需技巧。

一个耐人寻味的故事

一个在军工合作公司做顾问的同行，给我讲过一个关于创新在最后一刻却被废弃的故事。乔希是位有才华的工程师，他构思出了一个新型制导系统的方案，准备向董事会展示这个创意来申请资金。他欣喜若狂，志在必得，认为董事会应该全票通过他的整套方案，不容有丝毫改动。

演示进行得非常顺利。只有一个不足之处，那就是，公司对目前推出这个系统所需要的大量资金有些力不从心。董事会请乔希在晚些时候再重新递交这个方案，虽然没有做任何承诺，但任何一位政治嗅觉灵敏的人都能预见下一次乔希就会达成心愿。

但乔希不是政治嗅觉灵敏的人，他没有预见到这样的结果。他认为董事们只是因为开销大了一点就拒绝了一个出色的创意。几周后乔希就离开了公司，另立门户，并且带走了近一半的工程师。这样一来公司的计划被打乱了，也失去了宝贵的人力资源。当然我并不是怀疑这是一个明智的商业决定。但是有没有什么方法可以避免这种事情的发生？答案是肯定的，并且这个解决方案就与你如何看待经理人充当“政治”斡旋者这个角色有关。

经理人充当“政治”斡旋者

政治斡旋者，他具有什么样的魔力？他是一个站在候选者背后的人——帮他定位，找合适的听众让他倾诉，安抚他、支持他、帮他建立同盟，并且为了让他获得支持、资金、时间和人们的重视而去四处游说。候选者站在台前，成为人们瞩目的焦点，这一切都是政治斡旋者的功劳。而经理人就像所有的领导者一样，为他的创新者扮演着同样的角色。中国古代的哲学家老子曾这样说过：

太上，不知有之；其次，亲而誉之；其次，畏之；其次，侮之。信不足焉，有不信焉。悠兮其贵言。功成事遂，百姓皆谓我自然。（大意是：最好的领导者，因为善于调动属下的积极性，常常使人感受不到他的存在；次一等的，人们爱戴、赞美他；再次一等的，人们惧怕他；最差的，人们看不起他。好的领导者说话不多，当属下把工作任务完成时，所有的人都认为“这是我自己干的”）

董事会把中层经理人看做是安排和促成创新和协作机会的中间人。事实上，制药公司能成功地不断推出新药，部分原因就在于其公司经理人具备勇于挑战传统智慧的能力。因此你的工作就是运用你对公司政治方面的领悟及头脑来使人们接受创新者的创意，从而使创新者解脱出来。

你可能不同意这种说法。“那我们教创新者自己来解决公司政治不是更好吗？如果创新者的下一任经理不愿意这么做，或不会一直这样做呢？”问题提得很好。正如我将在下一章所讲的那样，我认为旁敲侧击地使创新者变得更精通人情世故是有帮助的。但在其他方面，我不敢苟同。

首先，教异议者如何更圆滑就好比教营销人员如何做一名善于与同伴配合的队员一样。营销人员是一群很特殊的人。好的营销员只会单纯地考虑如何获得提成、完成定额。但他的这样单纯关心自己成功的举动会让他变成一名不宜合作的队员，或至少是名不愿合作的队员。事实上，卡格诺斯商务智能软件公司组织发展部的副总罗德·布联多就发现，如果你硬要用管理团队的方法管理营销员的话，那时常就会出现某位更宜合作、更宜沟通的营销员却变得完不成任务的现象。因此异议者也是同样。就是因为置身于团队之外，异议者才具备了看到新颖、不同寻常的事物的能力。如果我们硬要将他们笼络得更紧密，我们就可能会丧失他们这样的才能。实际上，本世纪最伟大的发明家之一托马斯·爱迪生（Thomas Edison）就由于在实际操作方面的无能，使得他的支持者们不得不免去他在他所创建的公司中的一切职务。

虽然，我不反对让异议者和营销人员们学一些技巧，使他们变得更练达和宜于合作，但我们需要明确一点，那就是我们的做法应以不损坏他们这种特殊品质为前提。由此可见，即使试图磨掉一些棱角这并无大碍，但如果想要激发出新颖的想法，我们就不能把一张磨砂纸变成光滑的塑料薄膜。

所以，把异议者变得圆滑的政客并不是一个好主意，并且即便它是个好主意，也存在另一个问题：这基本是不可能的。这种另辟蹊径的思维方式如同控制人们的热情所运用的技巧一样复杂。几乎没有人可以同时具备这两种能力。想要找到这样的人——我想我们还得等上很长一段时间。如果我们要求创新者具备政治头脑去实施他的想法，那我们可能会失去许多，即包括好的思想也包括创新者本身。

就如同我们讨论的那样，想让异议者变得更圆滑，甚至只是变得更加宜于相处，这都是徒劳的。因此你的工作不是改变异议者①，而是有效地管理他们。这意味着由你来处理办公室政治这部分，把创新顺利推进市场，而把创新的工作留给乔希。

当权的异议者

偶尔你也会发现某个异议者的确具有政治头脑、或者就是因为纯粹的执著，使他进入了高级管理层。这时，也许你会想这不就是解决创新和异议两难处境的最佳方式吗？异议者成了上司。那他们既可以保持组织前进，又有职位权力来成就创新。我就曾有幸（不幸）受命于两位这样的上司。

我的第一位上司是位非常具有创造性的人，并且甚至能定期地从相当死板的财务系统中多榨出些钱来。行内的人都很尊重他。但在内部，他也有一些强敌，通常是由于那些财务小诡计——它们都很缜密不易察觉，但请相信我，这些做法都是干净的、适当的。他太专注于他所做的事了，完全没有注意到乌云已经聚集起来了，并且一旦爆发，他在内部没有保护伞能使他避免落得走人的下场。由此可见，他的地位虽然能让他将许多不错的想法付诸实践，但这也让他暴露在更老谋深算的“玩家”

① 但是坦白地说，你需要想些办法磨光他们的棱角。我们将在下一章讨论这个问题。

面前，他们比他更有兴趣，也有技巧来玩摆弄权术的游戏。并且这导致了他的下台。

我的第二位上司同样很有才华，不仅好主意不断，还具有坚韧不拔的毅力，但是他是位异议者。我认为他有一千个好主意，一百个出色的想法，还有一份天赋，但问题是他经常被它们迷惑，并且想立即把它们一下都实现。因为他具有超凡的领导气质，所以他轻而易举就能唤起我们同他一起征服“他的最新珠穆朗玛峰”的向往。当他大喊“冲呀!”的时候，我们铆足了劲向着山顶飞奔。但到了半山腰，他却被又一座山峰吸引住了。他就说服我们说那才是真正的香格里拉。我们就得冲下第一座山峰，然后奔向第二座。但到了半山腰……得，我想你也一定猜到接下来的事了。

即使你可以让异议者学会一些政治手腕并得到有影响力的职位，我也不能完全肯定这对他们自己或组织来说会是件好事。但是这样的情景我却见了很多。

获得支持

你手下的创新者可能有很好的创意，但他却没有意识到这个想法的正确性还不足以支撑它的实施。这时你就需要为他争取组织中各个部分的支持。当然包括你的上司，但也同样包括市场和营销、生产，以及任何其他重要的参与者。如果你不这样做，他们中的任何一方都会让它在他们所管辖的环节中停下来。你需要向他们兜售的卖点是支持这个创新的价值所在，这样从创意实施的角度看，它就会一帆风顺。

想要做到这一点，首先应与组织的每一个重要参与者一一会面。最简单的方式就是由你亲自召开会议。但是别把创新者冷落在一边。他需要让人们通过认识这个具有突破性的创意来认识他。否则，他就会开始认为他已经被这个圈子抛弃了，或者更糟，他会认为你偷了他的创意。然而，与大家沟通、推销创意对于他来说有可能会有一点难以应付。这时你就得培训他该说些什么，或者更重要的是，不该说些什么。但是一定保证全程都有他的参与。

这也有一个秘密的议程。异议者很可能会觉得这样的会议让他难以忍受。他宁肯回到实验室或坐回到电脑前去琢磨下一个伟大的创意。如果你幸运的话，他会问你他是不是可以不参加会议，因为他觉得这太浪费时间了。这样一来你就可以随心所欲地建立联盟了。可能所有你需要做的只是随时告诉他有关进展的最新情况。

潜在的支持者可能会希望对你的计划做一些改动。有些可能是能给计划带来改观的忠言，而有些可能只是在自我的驱使下的无稽之谈。但无论是哪种，你都知道你需要得到这些人的支持，如果没有他们的认可，成功的可能性会大打折扣。你需要改变计划，并且还得让你的创新者认同。然而，如果他看不到这样做的重要性的话，那这种为了迎合某些人而改变某些事的做法就很难实施。这时，你作为政治斡旋者的才能就派上用场了。就让我们延用前一个例子中的乔希来打比方，看看谈话会如何进行。

你：嗨，乔希，有空吗?

乔希：我很忙……

你：我只想告诉你有关市场会上的事。

乔希：混得比我强些了。好吧，那帮神气的家伙说什么了?

你：他们对这整件事都感到很激动。可以说是非常感兴趣。

乔希：当然了。这让公司知道自己的能耐不成了吧。

你：他们只是一个小问题。关于这个项目的名字，他们觉得市场上叫“战略”的产品太多了。他们害怕我们会把顾客弄糊涂了。

乔希：这太荒谬了。买这整系统的人不是那群还在挑口红的十五六岁的小孩。他们不会愚蠢到花一千万来买一个东西，就因为他们把名字搞错了。

你：我觉得市场部的人说的不是这个意思。他们关心的问题是如何从一开始就吸引顾客的注意力。如果我们的名字与竞争对手的雷同，那产品渗透市场的时间就会长一些。

乔希：那好，这可不是我的问题，对吧?

你：可是我认为这是我们的问题，因为我们都想让它获得成功。

乔希：得了，山姆，这太愚蠢了。市场部只是想借题发挥罢了。

你：也许，但是你知道吗，乔希，汤姆有阿维诺的耳目，如果他不喜欢这个产品，我们就很难得到资金。我想我们得对此留神。

乔希：哼，权术。

你：你说的对，但如果让一件这么蠢的事比如说名字而使你这么出色的产品泡汤了，这不是很不值吗，你说呢？

乔希：那倒是，但如果市场部的那群笨蛋只是想……

你：我知道，我知道。但这真有这么重要吗？我是说，与一个大计划相比较而言。

乔希：那我倒没觉得。

你：并且这还会让他们以为他们帮上忙了。

乔希：嘿！一个名字能有多大区别！

你：我支持你，但是如果让他们也沾上点光，这也没什么大不了，是吧？如果这意味着他们将会支持我们？

乔希：也是，为什么不呀？如果他们愿意，他们都能叫它小脚趾圈。

你：不会，这个名字小脚趾圈公司已经用了。

乔希：喔，是吗！

你：先让他们提出一些名字然后我们来最后拍板，怎么样？

乔希：可以，怎么都成。那你能走了吗？我说了，我相当忙。

对于“他的”项目的任何改动都可能引起乔希负面的反应，虽然这也许只是条件反射。但创新者通常对他们所设计出来的东西产生一种拥有者的心态。并且通常，正是这种优秀的品质——才使他们成为他们现在的样子——富有激情、执著。然而，当你知道一点小小的妥协会使事情有很大改观时，他的这种心态就可能有点麻烦。但是如果你一再强调与项目的重要相对而言，这点妥协只是微不足道的小事，那他很可能就会对此表示默认。

同样，虽然乔希知道有人在搬弄权术（“市场部只是想借题发挥罢了”），那他会认为这不值得他去留意。虽然你不大可能说服他，让他相信这的确是件值得担心的事。但你却可以让他安于现状，认为可以对这种事放任自流，只要他的工作不受影响就行。

你可能注意到了乔希总使用第一人称——“这可不是我的问题”。正如我们所知道的那样，他未必把自己看做是团队的一分子。你常用“我们”这个词来强调，虽然是潜意识的提醒，他是团队的一部分——或者至少他需要依靠别人来获得成功。你不用正中他的要害，但常使用“我们”这个词，最终这也会让他既习惯用这个词，还能注意到这其中的含意。

最后，你要明白你不可能说服乔希同意别人所提的所有改变意见，即使有些的确有用。没得到他的同意，有些改动也必须进行。如果你帮他认识到了这些改动会提高成功的可能性，尽管他可能会赞同，也会心怀不满。如果他不赞同的话，本章的最后一个部分会讲我们该对此如何处理。

提供庇护

如果我们的异议者是位榜样式的人物，我们也就不需要这部分的讨论了。如果异议者知道什么时候该说、该说些什么话和什么时候该保持安静的话，他就会是位完美的员工了。但他不是，并且他也不会这么做。那么，当他把当权者惹恼了的时候，你就需要为他提供庇护了。

乔希就是这种类型的员工，他可能会抓住在电梯或走廊里的机会去让首席执行官明白，如果把他的想法拒之门外将是多么的愚蠢。更有甚者，他可能会在全体职工大会上攻击首席执行官。就让我们来说说他到底做了些什么。一次，首席执行官召开了一个大会宣布我们接管了另一家国防合约商——德达莱斯公司（Dedalus Inc.）。宣布的那天你正好出差不在。当你第二天回来时，你的上司正坐在你的办公室里。

你：哟，嗨，菲利斯……我正想一会去找你呢……我在波士顿的确收获不小。

菲利斯：忘了波士顿吧——你知道乔希做了些什么吗？

你：我还没看见他呢。

菲利斯：他竟然在职工大会上攻击阿维诺？

你：攻击他？怎么攻击的？

菲利斯：他叫他傻瓜，当着所有人的面。

你：噢，天哪，不！

菲利斯：并且还说即使创意落到他的鼻子上了他也看不出来。

你：噢，不！

菲利斯：已经放出风来了。阿维诺已经急了，他要除掉他。

你：我们不能这么做，菲利斯，我们需要他。

菲利斯：你认为他最后一次叫总裁的名字是多久以前的事了，他认为他是谁？

你：我知道，我知道。他是让管理大会搅得烦躁不安。

菲利斯：这不是借口。

你：我知道，但这么解释能帮上点忙，是不是？

菲利斯：没门。我要你严厉惩罚乔希——我要书面检讨。

你：喔——慢点，菲利斯，让我们好好想想这件事。

菲利斯：我们不需要想——就这么做！

你：好的，好的，但你知道乔希的为人。在他道歉之前他就肯定会走的。

菲利斯：但你也不能让阿维诺在众人面前丢脸，还指望乔希能逃脱惩罚。

你：我同意，但我们能不能想想别的办法？

菲利斯：比如说？

你：好——你让我想一下……你能解释乔希为什么会这么生气吗？

菲利斯：这会摆平这事吗？

你：不会，但如果阿维诺知道是因为乔希以为是他在削减乔希项目的经费的话——也许阿维诺就不会这么生气了。

菲利斯：所以他就能逃脱惩罚了？

你：不，不。我会去和乔希说，但我们能不能试着解释一下？如果乔希走了，我们付不起这个代价，所以别太在意这件事了。

菲利斯：你要明白，如果当乔希所带来的价值超过了他所惹的麻烦时，那这就是个问题了。

你：也许，但这事不会发生。这次不会的。

菲利斯：不会吧，我想也不会。好吧，我试试看，但我不能肯定我能把它办成。

你：那我去和乔希谈谈。

有时惟一可做的、也是最好的方法就是争取时间。给大家创造一个空间，让每个人都能冷静下来，好好想一想到底什么才是生死攸关的。这些你首先应该去和菲利斯去谈。如果你能和她谈得足够长的话，你通常就能让她放弃她最初疯狂的想法（“我要书面检讨”），并且让她明白这一点，她得考虑如果这样的事（“在他道歉之前他就肯定会走的”）发生了，后果会是什么样的，然后再得出一个暂时的解决方案（“我们能不能试着解释一下”）。

另外一个问题当然就是首席执行官了。他的恼怒是可以理解的，当着众人的面遭到指责，特别是当这是子虚乌有的事。乔希这样做很不适合，如果你能让他不再这么做，这很好。你需要找乔希谈谈；在下一章中我会讨论要如何解决这种事。

但先让我们来比方说，如果你不能阻止乔希对当权者说些有违政治策略的话呢？那该怎么办呢？如果你还继续相信乔希在创新方面的天赋，那你就必须做他的思想工作，让他的棱角更圆滑，同时还得为他提供庇护。

实际上，情况经常是这样的，人们——当最初的冲动过后——就会接受这种想法，那些像乔希一样的人再也不能泰然自若地走进休息大厅了。如果你能让他们理解，并且说：“可是，这乔希就是这样。”那你就取得了最终的胜利。在公共场合尽可能地开口就这么说，并且再加上几句“但在商业方面，他的确是位最好的引路人。我认为有的人可能有才华，有的人可能懂礼数，而没人能两方面都行。”如果这样的话你说得够多，那人们就会开始认为即使有人不像想像中的那样有礼貌，但这也不是世界末日。这虽然会让人烦甚至不被大家所尊重，但这却都不是灾难性的事。

保护自己

我已经要求你去和你上层、下层的人说了很多的废话，但这并不是没节制的。这里有两种方法你可以用来保护自己。

首先是保护自己免于受到可能对你造成伤害的上司和其他人的伤害。只要你被认为是夹在异议者和当权者之间的有效的缓冲器，你可能会没事。然而，一旦你不能完全“控制”异议者，当然因为你根本也不能够控制，责备声就会向你不断涌来。所以一定要让你的上司知道异议者有多宝贵，以及要在异议和秩序之间寻找平衡有多难。他们越能理解你做这方面工作的难度，就越能容忍眼前的事有一天可能会失控的现实。

其次，你同样需要保护自己免于受到异议者本身对你造成的伤害。我们已经讨论过了，异议者缺乏为人处事的社会技能，并且除了你以外还有谁能是他发泄的更佳人选呢？虽然到目前为止我们都在谈论经理应该有更高的容忍度，而这并不是说他就有了“上方宝剑”，可以为所欲为。我曾有一个雇员，他的工资是自动转存到账户中的，他可以用支票提取，但好像总在取钱方面遇到麻烦，他就请我帮忙查查。我查了他的工资单，发现许多机构都需要从他的工资账户中扣钱，他的账户几乎时不时地就要进行“特别自理”。所以这就发生了延迟。当我们正在努力试图帮他理出一种解决方案时，这名员工却开始口头批评我。我最后终于忍受不住了说：“约翰，你认为我应该对此事负责吗？”他停止抱怨，愣了一下，眼睛眨了半天，说：“不。”我说：“那好，就别当我应该对此负责。”他冷静了，并且我们平心静气地把这个问题解决了。

所以，虽然我一直要求你超乎寻常地去容忍更带冲动的举止，但有时也应该有个界线。我想激励你成为一个政治斡旋者，不是一个受气包。

给予和收回荣誉

我们已经讨论了关于“给予荣誉”的重要方法——通过保证异议者和他的思想得到大家的认可，并与此同时建立同盟使创意顺利得以实施。然而，在给予和收回荣誉这一部分中我还想强调一个特殊的环节。从某种意义上讲，总会有一个关系到成败得失的大型报告。通常作大型报告的人选会落到异议者和他的经理的手中。这也就是指乔希和你。

你知道执行委员是群非常刻板的人，他们很现实，并且很敏感。他们知道世上有“投资”这么个词，但却不常用它。把乔希，和他那——请允许我这么说——随心所欲的作风抛给他们，这绝对是在冒险。他也许不能把演讲的重点固定在那些执行委员们想知道的事上。所以或许你应该争取去亲自作这个演讲。说得更明白些，在实际生活中，一些人就是比另一些人更善于此，通常是由于他们对听众的响应很敏感。我曾经有过一位这样的员工，他很有才华，但他每次讲话总是会没因没果、没头没尾，只是在大声地说着他想说的话。这不仅把他的听众都搞糊涂了，并且还惹得他们很反感，因为他们总是不能跟上这种“半截子的话”，而他却还认为听的人太傻，并且还把这种想法表现得很明显。

如果你运气好的话，创新者会委托你来进行陈述，因为他知道这方面不是他的强项。但是我觉得不能指望他会这么说。因为虽然他对其他人的需示不敏感，但并不意味着他们自己就不需要得到关注和赏识。进行演讲就意味着认同。并且，作为政治斡旋者，无论如何你也不希望抢这个风头。

但是如果你觉得乔希在这方面的确会存在问题的话，那你就去和他达成一个交易。让他去进行演讲（毕竟，这是你做决定），但只有一个前提，那就是他必须按你准备的方式进行。他会觉得这对于他来说是一件痛苦的事，但如果他非常想去做的话，他可能就会同意这个办法。然后你就能向他指出一些要点，比如顾及每个人的动机、尽管有些问题他可能会认为是愚蠢的问题、哪些地方应该保持低调而哪些又应该着重强调。最终的结果会有三种。第一种是他听从了你的建议，并且你对此也有一定的信心。第二种，这些琐碎的事让他觉得会浪费太多时间，耽误了他的“正事”，所以他会把整件事全权交给你，由你来打理。那你就能有条不紊地准备演讲。只要保证他在场，并给予他赞扬，你就可能放心大胆地进行了。最后一种可能就是他不听你的建议，并且还坚持要由他来作演讲。虽然让他保持愉快很重要，但更重要的是把这个项目有效地展示给董事会。从这个角度上说，你可能需要亲自作演讲。虽然很难对他这么说，但你们争论的中心议题是和原来的一样，那就是你们已经达成共识，获得这个项目的核准是至高无上的目标。他明白（虽然他不喜欢，但他明白）政治层面很重要，并且项目还有可能会因此泡汤。他可以不喜欢由你来主持演讲，但你却必须这么做。

管理预期值

在我们最初的例子中，乔希的经理不能帮助乔希对管理会议建立起一个合理的预期值。因为像乔希这样的人，他们几乎没有政治头脑，看不出事情的苗头，或者就如例子中所讲的，甚至当已经大获全胜的时候，他们对此却还浑然不觉。

在与乔希探讨管理大会问题的过程中，你发现他认为惟一可接受的结果就是委员们全票通过他的整套方案。那你就需要说服他，因为他不能光为打出个“本垒打”作准备。让我们看看这一过程会如何进行。

你：嗨，乔希，演讲准备工作做得怎么样了？

乔希：差不多了，可我还是觉得只进行 20 分钟的演讲，这个想法太傻了，我至少需要一个小时。

你：我知道，但我曾经见过当时间到了的时候，阿维诺就会把演讲人说到一半的话打断。所以我们得简明扼要地阐述观点。

乔希：太可笑了。我是说，有时你的确需要时间。

你：没错——但如果你按我们讨论的方法直接切入要害的话，肯定没问题。

乔希：我希望能多点时间。

你：是的，我听到啦，不过你必须这样。有没有想过阿维诺到时会说些什么？

乔希：你是说，比如反对？

你：是的——不过我想的更多的是最后的结果。

乔希：是吗，我们需要这些钱进行生产。

你：也许吧，当然，但是我们得对此保密。这可能是执行委员们第一次有机会看到这个创意。

乔希：那又怎样？一旦他们看见了，他们就会喜欢上的。

你：我也希望如此。但在钱方面，是个严峻的考验——他们也许会比我们想像的还要谨慎。

乔希：还要谨慎——你是说，比如他们会不批准这个项目？嘿，他们不能……

你：不，我指的不是这个……但是，比如他们可能会放慢进度——用另一种计划？

乔希：你看，这个运行的很好。当然，我会对开始阶段的顺序进行一些调整，但是总体来说它是可行的。

你：那如果他们想在批准之前就先看到你修改的结果呢？

乔希：这太可笑了。

你：我不是说他们一定会这样，但如果他们想这样呢？

乔希：我不会这样做。

你：你这么说是什么意思？

乔希：你认为我会让那群神气十足的家伙对我审查两次吗？

你：如果他们需要两次审查才能确定他们的钱花对地方了呢？

乔希：不，但是我可以告诉你，我们不需要另一种计划。

你：乔希，这可能不是计划的问题。他们可能想多得到些测试结果，多一些市场调查，或是其他的。

乔希：让我告诉你，我们已经做好投产的准备了！

你：我知道我们已经做好准备了。但有时别人的看法和我们不一样，所以……

乔希：所以他们是傻瓜。

你：未必——不管怎么样……我只是想说我们可能遇到的结果。只是让我们有点准备。

乔希：准备什么?

你：任何事。从全票通过到返工重来。

乔希：山姆，他们必须批准，必须。你知道我在这方面花了多少年的时间吗?

你：我没说他们不批准，但有时只要朝着那个方向不断努力就是胜利。

乔希：但是我们已经到达那里了。

你：我知道，我知道，但即使我们不能马上得到所需要的一切，我们也能一路领先。

乔希：不可能——我需要每件事都到位，我要求。

你：我知道你想这样。但如果那些人满足了我们的要求，但不是在三年之内实现的而是五年呢?

乔希：可笑，进入市场的时间会耽误得太久了。

你：但这不是世界末日，对吧?

乔希：没错，不是。

你：你看，这就是我想说的。如果有困难的话，我要做好应付困难的准备。首要的事情是让这个项目进行下去。

乔希：但这倒是真的，如果他们不认可，他们就是傻瓜。

你：但是重要的是保证我们还能继续进行这个项目，对吗?

乔希：嗯，我也这么认为。但是他们还是群傻瓜。

正如在其他对话中一样，乔希表现出他对这个项目有很强的占有欲(“你认为我会让那群神气十足的家伙对我审查两次吗?”)。除了他自己的观点以外，他无法认识到其他人的观点，而这正是你的可贵之处。我不认为你可能说服他，让他认同其他人也有发言权，但你可以让他把这看做是一种必然的危险。

并且，乔希也立即把注意力转移到了你所设定的可能性上（用另一种计划)，还想要与你就此展开进一步的讨论。他忽视了你要阐述的观点——事情可能不像预期的那样。但别陷进这些争论中。因为这只会让他更沮丧，而且更重要的是这会让他忽略要点（“有时只要朝着那个方向不断努力就是胜利”）。所以你要做的是把他带回到原来的话题上，做好应付困难的准备，保证让项目进行下去。

虽然你不能期待乔希会成为一名模范员工，或是期待通过这次对话就能让他变得谦虚谨慎，丢掉高傲的做派。但你也已经达到了你的目的。乔希已经接受了这种想法：即使不能100%地通过也是胜利，并且这就是你目前所需要的结果。这是一个很重要的预防性的措施。

争取合作而不是同化

正如我以前曾提过的，在某些问题上，即使异议者不赞同，你也得把事情进行下去。那你怎么才能在不完全压制他的情况下而又让他与你合作呢？

首先，你要清楚一点，即便他和你在这个问题上对立，事情也得继续进行，并且你得要求他带着热情和判断力去完成他那部分的工作。另外，异议者的公开反对会产生不利的影响。所以你需要认可他表示失望的方式。作为对这种方式的回应，当他发现了新的证据来证明你所做的决定不对的时候（如果他发现了），你要倾听——真正意义上的倾听，不只是保持沉默直到他把话讲完。

这个要求听起来是不是很高？而这是可以做到的。让我们来用另一个例子来演示一下。你是多媒体教学公司的董事，这是一家针对教育市场进行软件开发的公司。凯蒂是负责多媒体程序的经理，她在技术方面做得很出色。但是，在你看来，她的管理太宽松了，所以程序员们有些自由散漫。软件经常不能在规定日期完成。如果你再延误交付日期，商家就会开始认为多媒体教育软件没有竞争力了。所以你们一直在讨论关于增设一名项目经理的问题。

你：嗨，凯蒂——让我们接着昨天的话题继续谈谈吧？

凯蒂：好吧，瑞克。

你：我一直在考虑你说的话——你不能按计划安排软件开发的进度。

凯蒂：没错，如果我们这样的话，程序员就会走人。

你：我能理解你为什么认为它行不通，但我想试试。

凯蒂：瑞克，这点我们已经讨论过了——你不能按计划安排一种创造性的流程。

你：我明白你的意思，但我非常担心我们会再延误交付日期。我们必须对此做点什么。

凯蒂：这个方法行不通……

你：也许行不通。但我觉得我们得试试看。我知道你反对，但我需要你的支持，所以我想和你讨论一下我们要怎么做才能尽可能地让大家能够接受这种做法。

凯蒂：这容易，那就是别这么做。

你：我的看法不同。我们能不能达成交易？

凯蒂：什么样的交易？

你：如果你能试着与一名项目经理共同工作的话，我就保证，如果当事情出差错了，我一定会听取你的意见。虽然我不能保证我会改变想法，但我保证会认真听取你的意见。

凯蒂：可你不需要这么做——你看，如果计划的事真的有那么重要的话，那就让我来督促执行它。

你：前几个月我们一直在做这样的努力，可没效果。

凯蒂：那好，如果有用的话，我会多投入一些精力在这上面。

你：凯蒂，你是知道的，我认为你很会与程序员打交道。他们尊敬你丰富的经验，并且你还总能让他们充满活力地投入到项目中去。这些都是非常重要的技能。

凯蒂：是呀，我相信真本事。

你：你在这方面很成功。但是我们有我们的优势。我认为你不喜欢这个工作中管理的部分。

凯蒂：不，不喜欢，谁会喜欢呀？

你：让项目经理来帮你减轻点负担，由他来做你不喜欢的事，那你不就有更多时间去做你擅长的工作了吗。

凯蒂：可这行不通。

你：也许你对，但我们没试怎么知道，对吧？

凯蒂：我们当然能知道，我就知道它不成。

你：好了，我知道了，但我想先试试看。所以，真正的问题是你能不能和我达成交易。

凯蒂：你是说如果我同意，当它不起作用时，我可以告诉你？

你：是这么回事，但是不只是同意，我需要你帮我让它奏效。程序员很重视你的想法。如果你对此有疑问，他们也会这样。

凯蒂：那你想让我假装。

你：不是，但你可不可以明确表示你希望试试看，抱着真心希望它能奏效的心态，过一段时间我们再来看看情况如何，怎么样？

凯蒂：行，那要多长时间？

你：三个月怎么样？

凯蒂：我想我能支持三个月。

你：太好了。那我会很乐意听你的任何意见。

凯蒂：我打赌我肯定会常来提意见的。

你：有这种可能。我能再多要求一件事吗？

凯蒂：什么事？

你：我们能不能说一下你会怎么谈论这事？

凯蒂：好吧，就像我说的，你还是想让我假装对吧？

你：不是，但如何当他们问起你对此事的看法，你会不会这么说：“我虽然对这事有顾虑，但我愿意试试看？”

凯蒂：我想会吧。

你：如果你想更进一步解释你为什么反对，这由你，但你愿不愿意在结尾加上一句“可是我愿意花几个月的时间来试试看”？

凯蒂：我想这不太难。好啦，瑞克，可是这不会有用的。

你：可是你愿意花几个月的时间来试试看？

凯蒂：噢，我愿意花几个月的时间来试试看。

我们可以推测出在这次交谈之前你至少和凯蒂谈过一两回有关延误交付日期的事了。如果你在这之前没谈过，那你指责她就是完全不公平的。从对话中我们可以听出，凯蒂很可能假设或希望前几次的谈话只是像热空气一样，如果她忽视它们，它们就会消失。直到你谈到你可能增设项目经理时她才开始意识到这个问题（“如果计划的事真的有那么重要，那就让我来督促执行它”)。但是不管怎么说你也需要以前的谈话作铺垫。要不然你就没法给她一个自己转变的机会。

你可能注意到了，你恰到好处地在谈话开头就总结了凯蒂的论点。这帮助她意识到你是理解他们的——但你只是不能一味支持她。

你可能需要再反复几次这样的谈话。然而，你的目标不是让凯蒂也喜欢上这种做法甚至让她赞同。因为她不会赞同这种做法，并且这也无所谓。你不需要强迫她假装同意或表示愉快。事情不可能总是得到一致的认同，我们必须抛弃这种荒诞的说法。事实上，如果你的说服力不能让她屈服于你的意见，这也并不是件坏事。

当凯蒂有反对意见时，就如同橡皮摔在地上一样，她立即就会做出激烈的反应。让我们来看看这种情景，假如项目经理几周前已经开始安排好了工作。

	凯蒂：	瑞克，我早就和你说过这方法不行。
	你：	嘿，慢点！怎么不行啦？
	凯蒂：	卢那个人——简直就是个麻烦。
	你：	为什么这么说，他怎么啦？
	凯蒂：	他把我的程序员都惹得火冒三丈。
	你：	怎么回事？
	凯蒂：	他要他们对“魅力”软件的开发目标达成一致。
	你：	这有什么不对吗？
	凯蒂：	当然了！
你得弄清她不是在想摆脱卢。	**你：**	你和卢谈过吗？
	凯蒂：	谈过，但没有什么成效。
	你：	他怎么说？
	凯蒂：	是堆废话，说每个人都会对“魅力”软件有自己的见解。
	你：	是这么回事呀？

	凯蒂：	好吧，也许，可你不觉得这正是创意的来源吗——每个人都在自由发挥。在试另一种方法之前我们也不知道我到底要什么。
凯蒂说的有没有可能是对的呢？不要过早地下结论——再问问。	你：	所以你认为一个稳定的目标会压制创造力？
	凯蒂：	的确。
	你：	我不明白，为什么会这样？
	凯蒂：	瑞克，设立目标就像给人们蒙上眼罩一样——人们就不会想去寻找更好的效果，简直就是“无形杀手”。
	你：	真的？怎么可能？
	凯蒂：	你会束缚他们——他们不可能得到真正创造的机会。
你可能不同意她的观点，但你能肯定你是对的吗？	你：	唔——我不认为会这样，但我认为卢有道理。如果我们不能对“魅力”软件达成一致的观点，就很难做出一个产品。
	凯蒂：	我们曾经做出过很好的产品。
	你：	对，你说的对，但问题一直都是最后的交付日期。
	凯蒂：	很好，你知道那句老话——想按时要就得不到好的。
你不用对你想要的事改变想法。	你：	对，但你同样知道第一个进入市场就意味着胜利。如果我们成为了落选者，再出色的产品也帮不了我们。
	凯蒂：	但糟糕的产品也顶不上什么用。
	你：	我不信你的人会生产出什么糟糕的产品。让我们还是回到重点吧。有没有什么方法能既保证明确的目标又能让程序员有自由发挥的余地？

	凯蒂：	不可能。
	你：	那我们指定一段时间作为试验期，然后再设定目标，这么办怎么样？
	凯蒂：	多久？
	你：	我不知道——你应去和卢讨论一下。但是这怎么样？大家可能会暂时有些乱，然后就会聚到一起讨论这到底是怎么回事。
	凯蒂：	我不知道。但谈到实际成效，他们的创造力还是会被束缚。
	你：	何以见得？
	凯蒂：	如果他们有了一个创意，但这却是一条完全不同的方向，那该怎么办？
	你：	我想他们应该把每个人都找来一起研究。
	凯蒂：	你回答得多官僚呀！
	你：	那你会怎么处理？
	凯蒂：	我会让他们试试，看能走到哪步，不过我知道这不现实……所以那好吧，也许我同意你的做法并不是件太糟的事。但是我想要让我的人来召开会议——而不是卢。
	你：	没问题——尽管卢没参加这次讨论，但这并不说明我们不在同一条战线上，是吧？
	凯蒂：	我想是吧——但我不会让卢来召开会议。
	你：	让我们和卢谈谈。

这是异议者的一个问题（除了这个，别的你已经知道了）。如果你已经承诺要倾听他们的意见，他们就会去找其他同事谈话。但是因为我们知道异议者未必会有很好的人际技能来进行这些谈话，你就得从中做一些调停的工作，就像你在上面那个例子中所做的那样。但你不可以鼓励异议者对同事说三道四。在下一章培训异议者中，我们会详细讨论这方面的内容。

另外，你可能注意到了，当你问凯蒂有没有解决方案时，她拿不出方案。我认为这是个很典型的回答。异议者能发现问题，但通常他们会太过忠于他们自己的解决方案（“给程序员充分的自由发挥的空间”），使他们很难有所突破。但是如果你能提出一个可行的方案，并且对他们发现问题表示感谢的话，大多数异议者都会愿意听你的方案。通常，他们都经不起你软磨硬泡，到最后他们会妥协。

你可能不赞同这种进行谈话的方式，这没关系。每个人都有自己的见解。最重要的是不要有“她又来了”的想法。如果你这样想，你就不能达到目的。记住，异议只有当人们继续倾听它时才会起作用。我发现人们对异议这种不断反复的特质非常反感。它是在保持异议充满活力过程中的一个巨大障碍。这种反复的次数可能会比想像中还要频繁。

所以，即使你对这种做法感到很头痛，你也同样希望凯蒂能继续让她的队伍充满创造力。她可能不会发现效率也可能激发创造，但是，嘿！不管怎么说，这才是你工作的意义。

制度化的异议

你需要明确取得异议者的合作与同化他们之间的分界线。在特殊问题上或总体上，你都不希望让异议者认为他不应该提出异议。你想在维系一种环境，使异议者置身其中能充分感觉到被重视的感觉，所以当出现新的危机情况时，他会大胆地亮出红牌。

人们很容易就会通过给异议者安排一个“正式”的角度，打破稀奇古怪的异议和秩序之间的平衡。这可能就是一个“顾客拥护者”的职位，一种冠冕堂皇的异议者。把策略计划的工作分配给异议者来做，这看起来似乎很有道理。毕竟，人们认为策略计划就是要推陈出新，要另辟蹊径。

可是一旦异议者成为了主流的一部分，他的角色就变得明确并具有可预见性，他和他的这种角色就会被大打折扣。更糟的是，异议者甚至会开始认为，如果他想要影响组织，即便是一丁点的影响作用，他也必须通过扮演好这个角色来获得。这就是被驯服了的狂热的野鸭子。

一般来说，我认为制度化的异议不会带来什么效果。驱使异议者的创造力应该是一种制度外的力量，因此，制度化的做法只会扼杀这种你试图保留并控制的异议的特殊本性。主流化异议是种自相矛盾的说法。

最好的做法就是在组织中的每个角落都允许异议的存在，就好像这是件很自然的事一样。如果异议能随叫随到的话，那我们的生活肯定会变得更轻松，但这不是你所能发现的新大陆。

稳住创新者

作为一名资深的经理人，你知道不可能每次都赢。但创新者未必知道这点。当你失败时，所面临的挑战是既要帮助创新者明白这不是世界末日，又要让他继续做出贡献。

让我们再转回乔希的情形中。假如说事情就像他想的那样进展不顺——执行委员们对寻导系统的运行或赢利能力表示怀疑。你夹着尾巴灰溜溜地回来了，后面还跟着快气疯了的乔希。首先，最重要的是要探探乔希，虽然听上去他很生气，但他是不是真的感到受了伤害，被冒犯了。拒绝了异议者的项目就等于拒绝了异议者（这就如同作者被退稿了一样）。当你和他谈的时候一定要切记这一点。

另外，很明显，你认为乔希和他的想法很有价值，否则你就不会投入那么大的精力去为他的项目争取资金。所以你得确保乔希不会把他的创意带走，收手不干，或者更糟的是，把创意带到其他公司去另谋高就。

乔希：你能相信那些家伙干了什么吗？我早和你说过，除非创意直接落到他们的鼻尖上，否则他们就看不出来！

你：是挺让人失望的。

乔希：好吧，就这样吧！我不会再给他们提任何想法了！

你：他们没看出这有潜力。

乔希：这就是为什么他们是傻瓜的原因，不早和你说过吗！

你：但我们还是要争取他们支持这个项目投产。

乔希：我可不认为有这个必要，我只要把我的想法带到思达科技（StarTech）就行。

你：好吧，乔希，我知道你很生气，我也很生气。但是你知道你不能这么做。因为你签的雇佣合同不允许这样。

乔希：你以为所有的技术都在这个计划里？如果我走了，你们就会“瘫痪”。即使你们有十个亿，你们也无法让它投产。

你：我知道，这是事实。这就是为什么我想让你留下。我们需要你。

乔希：那他们表示“需要”的方式可真够奇怪的！

你：我知道……我希望结果会比现在的好。但他们并没有把口封死……我们只需要证明这个和市场上有的那些不同就行。

乔希：但区别不是明摆着吗。他们就是太笨，看不出来。

你：要是没有你的帮助，我没办法向他们证明。

乔希：我们根本不需要向他们证明。

你：这是当然。不过如果这么好的一个想法在这儿夭折了，这就太可惜了。所以我们还得坚持不懈才成。

乔希：我不知道……或许我应该悄悄离开。

你：如果你这么做我会很难过的。并且这可能意味着这个项目会泡汤。多可惜呀。

乔希：好吧，算你对。

你：那好，我知道你需要想想这件事，但我可以发表一下我的看法吗？你可以走，但我不希望你走。可是你必须把这个计划留下。并且再给你两年的时间你也做不出类似的东西了。但是如果你留下，也许我们还可以有转机。

乔希：没什么可能。

你：天知道。如果这么好的一个想法在这儿夭折了，这真的太可惜了，你不这么认为吗？

乔希：我当然这么想。

你：所以说，你觉得留下来怎么样？

乔希，好，那好吧。

在这个大挫折之后，每个人都考虑他继续待在这个公司是否还会有前途。也许你自己也在考虑这个问题。可以理解。乔希威胁说要走，这并不奇怪。当然了，他可以走。但你降低了他走的可能性。首先，你需要让他发泄，正如他所做的。他很生气，并且可能理由充分，所以要让他暂时发泄一下。

虽然他是否留下来这事你不能决定，但你可以给他指出他所面临的实际情况。如今，大多数员工都签署了竞业禁止条款（non - competition agreements）。乔希和你一样明白，乔希的脑力才能是最重要的，如果他走了，那将是一个巨大的损失。可是，他可能没有意识到竞业禁止的条款规定：如果员工离开公司，就不能再继续研发他曾在公司所进行的创意。因此，乔希可能会愿意留下来，这样他才能继续进行这个项目。

然而，以前说过，约束是不能造就忠诚、热情四溢的知识工作者的。即使乔希决定留下来，考虑到这次沉重的挫折，你也需要对他特别关注，以此来表示他是公司宝贵的财富。这不一定是指金钱方面，虽然它是奖励组合中的一部分。记住，知识工作者总是会对新的工作任务、处于领先地位、取得工作的控制权而感到欣喜若狂。因此，如果可以的话，你就给他布置一项不重要的“玩耍”项目。

事实上，通过这种做法可以让你有时间去改变旧项目的重点和方法，以便下次能顺利通过审查。另外也是由于目前他的思想太超前了，所以你需要等待合适的时机。这个小把戏可以稳住他，直到“大气候”为他准备停当为止。

你可以做些事情来帮助促使这种“大气候”的形成。可以加快建立同盟的速度。与任何一位与决定相关的重要人物会面，做事后的分析，找出补救措施。但要不要找位外界的专家去获得声援呢？需不需要寻找一些“潜在”力量呢？我曾经遇到过这样的情况，主要的大人物正和他的一位经理打一场长期的官司。惟一认为这会是“秘密武器”的人就是这件事的两名策划者。除非经理批准，否则不会有任何结果，但她却不是执行委员会的成员。所以我们想方设法地假装在无意中向她提起这个想法的种种好处。虽然我们本不应该这么做，但你毕竟是身处其境——处于非常现实的组织生活中。

如果你不能让老项目死灰复燃，但却还想让乔希再次忠心耿耿并尽职尽责地投入到工作中的话，那就把乔希安排到最有声望、最新的项目中去，这可能是你所能用的惟一方法。如果你待他很好，他就不大可能会真的按他所威胁的话去做，带着他的智力资本离开公司。如果他发现新项目和老项目一样充满智能挑战，他可能就会再给你和公司一个机会。

概 要

创新的两个方面——创意和将创意转变为有价值事物的能力。而后者对于创新者来说是个陌生的领域。虽然你能帮助把这个想法变为现实，但是你实现这一目的的过程要让创新者一直处于前台和中心的位置。如果创新者认为他只是个旁观者的话，你不仅会失去他，并且也会发现即使他的人还继续出现在工资名册上，但他却已经把他的智慧都藏起来了。你需要记住的一条界线就是在扮演“政治”斡旋时，你必须忠于你的角色。然而，有时异议者想要站在前台并处于中心，他就需要掌握更多的技巧。在下一章中，我们会讲如何对他进行培训。

要 点

- 创新既指好的创意，同时也包括把创意带入市场的能力。
- 这就需要建立同盟的能力，但创新者对这方面并不在行。
- 经理应该充当政治斡旋者。
- 关键的技巧是：获得支持、提供庇护、给予和争取荣誉、管理预期值、争取合作而不是同化以及稳住创新者。

第 7 章
培训异议者

经理处于异议者和组织其他部分之间，充当宝贵的"政治缓冲器"。然而，异议者的思想可能过于单一，这有可能伤害他们自己和他们倾注全力的项目。所以，经理需要说服他们掌握并运用一些基本政治技巧。本章将为经理们提供一些相关的小窍门。

介　绍

在上一章中，我们讨论了经理人应该如何充分成为异议者/创新者的政治斡旋者。经理人需要不断地扮演这个重要角色，并且有时除此以外还得为他们多做些事情。虽然，你可以代替他们行使你的政治手腕，但你不能完全作为他们的替代者。

他会由于缺乏政治技巧而使你们陷入相互误解的处境。如果你正忙于为他的思想建立同盟，但他却一脚踢开每个你精心说服过的人，那样你很快就会陷入绝境。一名过于远离常规的异议者会危及效率。但无论是把他扫地出门，还是强迫他融入你们中都会有损于他的创新能力。这让你处于抉择的困境。

两个问题

你知道只需稍微改善异议者与其他人的关系就会产生巨大的帮助。有关情商的研究显示，这种特殊的品质重要性是单纯的智力或技术重要性的两倍。当然，异议者对这种说法可能不会买账。因为他们把自己的大多数观点都与他们在科技方面所取得的荣誉相联系，任何对他们观点的卓越性提出的质疑，他们都不会给予太多的信任。

所以虽然你不想杀了能下金蛋的"鹅"，但你也希望即使这只"鹅"能下金蛋也不要去攻击其他的“鹅”。还记得上章中所讲的乔希吗？你向你的上司菲利斯承诺会去找他谈谈关于公开指责首席执行官的事。那就让我们来看看事情会如何进展的吧。

你：乔希，我刚在我办公室见过菲利斯。

乔希：噢，是吗？这凶巴巴的女人说了什么？

你：她对昨天员工大会的事有些生气。

乔希：你是说我和阿维诺吵起来那件事？

你：是呀，她就是想说这个。

乔希：嗯，是吗，太好了，我就是给他“定罪”了，并且当着每个人的面，这感觉真不错。

你：我就是想和你说这个。

乔希：哦，是吗？是不是菲利斯发火了？

你：她很生气。

乔希：哇，让她慢慢熬着吧，到了每个人把它当成真事的时候了。

你：什么意思——当成真事？

乔希：你很清楚——如果他们觉得在驳回了我的项目后，我还能留在这儿，他们就想错了。

你：会上得出的不是这种结果——事实上正相反，他们喜欢这个项目，只是资金是个问题。

乔希：可他们有钱收购德达莱斯。

你：就是因为他们收购了它，所以现在没资金了。

乔希：这只是个借口。除非创意直接落到他们的鼻尖上，否则他们就看不出来，这我对阿维诺说过。

你：所以我听说了。但是，乔希，他们真的想为它提供资金。只是目前是个问题。

乔希：挑一个二流的合约商比这个寻导系统还重要。你知道这个系统能为我们做什么吗？

你：知道，乔希……我们讨论过。但是阿维诺想为它提供资金——否则，他为什么让我们下季度再回来找他。

乔希：可它有寿命。

你：但我们得到了中期资金——这就说明他是认真的。

乔希：是吗？中期资金——对，这还真不错。

你：老实说，我觉得你逼他太紧了。我是说，他想启动这个项目，但只是个时间问题。

乔希：也许吧，但我真的很着急。

你：的确，我可以看出来，如果他要是把你一口回绝了的话。但是他没有。

乔希：好吧，也许，也许不是。

你：那你觉得我们应该做点什么？

乔希：这是什么意思？

你：我觉得你对他太过分了。

乔希：这不是他自找的吗？

你：被当着众人的面指责一件自己没做过的事？我不这么认为，我觉得这么做不对。

乔希：那么你想怎么着？

你：我不知道……那我们来纠正它怎么样？

乔希：我是不会道歉的！

你：我可没这么说。但比如说发个邮件怎么样，解释一下你的想法？

乔希：你是说，解释是因为我以为他把我回绝了？我觉得这不可能，我是不会道歉的！

你：不是——就是解释一下你为什么会误解他，给他个台阶下，你觉得呢？

乔希：可能吧，让我想想。

他会发邮件吗？可能会，也可能不会。如果他发了，你就成功地处理了这件事。如果没发，你和菲利斯还得再商量其他解决的办法。即使他没发，你也需要从两方面入手——一方面要让自己冷静，另一方面要既让上级也让异议者保持愉快。

这个对话展示了异议者和你之间的观点是多么的不同。他认为指责首席执行官只不过是小事一桩，而你却能从中预见你的事业和他的项目要毁于一旦。因为他对“小小的政治”置身世外、漠然、不感兴趣，所以他没有意识到他的做法把项目置于何等危险的境地。

这也同样说明，在帮助异议者磨平棱角的过程中，你有双重任务。他需要掌握并运用一些不同的技巧。但是即使以前你也曾说服过他需要学一些这样的技巧，他也把你所说的这些视为要手腕、官僚的把戏、拍马屁等等。同样，他可能认为从你身上学不到任何东西——或者你所教的东西都不值一学。

有些望而生畏了吧?但是也没有理由放弃。我们有理由至少要求组织建立一个功能层次。你虽不希望乔希能在感恩节上驾驶慈善彩车,但你也不希望花所有时间来打扫街上留下的一片狼藉。这是可以做到的,请你继续往下读。

教聪明人

克里斯·阿奇利斯（Chris Argyris）是一位我最喜欢的管理学专家之一。他说的话总是很有道理。他的经典文章中有一篇叫“教聪明人如何学习”①，大约十年前发表于《哈佛商业评论》。然而，他说的话即使用在现在也不失现实性，因为我们只是更换了年代而已。

他指出，聪明人通常会过于受制于他的聪明——这就是说，他们习惯于总能找出答案，并且被别人控制。为了维持这种神话（你知道这是神话对吧），他们可能会将自己的生活缩小到某些领域，在那里他们都是处于上层的地位。他们说服自己，如果不能保证这样的结果，那就不值得一做。因此，对于他们来说，他们很容易认为，那些诸如协作之类的做法只是搞人力资源的那些家伙摆弄出来想让他们自己有事做的无聊把戏。所以，虽然他们认为你培训他们所用的技巧都很愚蠢、无关紧要，但他们也会小心翼翼地避开那些他们认为至少目前为止还不太精通的领域。

培训准备

培训的准备工作可能是这整件事中最关键的一个环节，并且或多或少也是最难的一个部分。你非常想让乔希明白他做了些什么，并且想通过培训让

---

① 《哈佛商业评论》(1991年5-6月刊)，第99~199页，克里斯·阿奇利斯所写的《教聪明人如何学习》(*Teaching Smart People How to Learn*)。

他做得更好。我能理解你这种急迫的想法。但是不要在没有准备的情况下盲目进行。多花一些时间想想问题的本质，到底想要什么样的改变，差距有多大，乔希会有什么样的反应，甚至是你的开场白要怎么说。

1. 准确定义问题

让你担心的问题是什么？下面会列出一些经理对异议者所关心的问题。

这不是一个很长的清单——它们只是列出了一些异议者把经理惹恼了的特殊问题。表上所描述的行为越是靠后，改变它所用的方法就越是值得怀疑。他会威胁和藐视他人？没错。他是一意孤行和质疑不容批评的人？可能不会吧。几乎无论这些行为会让多少人产生反感，异议者也会需要它们来保持自己置身世外的地位以及提出新鲜事物的能力。成功地驯服这些特性可能同样会成功地埋没创新。

问题	描述
威胁	◘ 异议者运用他在思维和语词方面的优势去恫吓别人
藐视他人成果	◘ 没有别的创意能和他的一样出色 ◘ 如果别人有创意，他就想要采取防卫措施
用言语攻击上级	◘ 批评当权者，就好像他们对此没有感觉 ◘ 经常说诸如“你意志薄弱、没有影响力、你进度太慢、没有远见、你纵容别人让他们对你任意摆布”的话
消极怠工等破坏行为	◘ 主动地试图放慢、扰乱、停止他人的工作
不合作	◘ 不与他人分享重要信息 ◘ 驻足不前
不服从/忽视	◘ 不遵照规定、要求和命令
质疑不容批评的人	◘ 揭穿别人的把戏，如遮掩、口是心非、内幕、怨恨、保护自己地盘、或者自大的真面目①
忽视组织方向	◘ 做他们想做的事而不是组织要求他们做的事
一意孤行	◘ 不管不顾，一意孤行，即使——特别是当——没人听他说话的时候

① 我要感谢沙伦·范德卡维（Sharon VanderKaay）为表中的纲要提供资料，他是创意设计公司的策略部总裁，该公司协助企业寻找、发现另类商业机会。

但这也不是一成不变的。你可能注意到我把“用言语攻击上级”这条放在了比较靠前的位置，因为从现实角度说，上司是不大可能支持某个叫他“傻瓜”的人的。对于这一点，你和异议者都心中有数。区别在于，你对此表示接受，而异议者对此表示抨击。你需要克制他的某些行为，只是因为它们很快就会使你的异议者变得近乎疯狂，甚至是在他还没有察觉的情况下。作为一条经验之谈，在区别废弃观点和废弃人方面，异议者的确需要培训。我们会在后面谈论一下有关这部分的内容。

2. 确定补救方式

即使作为老板，你也需要计算你要得多少“人气分数”才能为你铺平道路。想改变异议者又想让他继续保持高效的工作。你不想只要一个成功的手术但病人却死在手术台上。你需要培训异议者很长的时间才能收到这样的效果，但你也应该同样问问自己这是不是有“遍山插旗”的问题。如果他必须改变，你就得按照我待会儿列出的步骤一气呵成。尽管你会用尽所有招数，但如果你下决心要实现它，就必须这么做。否则，你就好好想一想你到底为什么要这么做。它值得你投入所有的时间、耗费所有的你和乔希建立起来的“人气分数”吗？虽然我不知道答案，但我知道这个问题很关键。

3. 定义所要的改变

你知道问题所在，也知道如何去改变它。现在你就需要准确地说出你需要什么样的改变。

在这个步骤上你可能会犹豫。“我希望他变得更好、更和气、更仁慈，少点胁迫、多点崇高。”所有的这些都值得努力，但不具体。同样，你也需要把这些想要的改变保持在可能实现的范围内。定义改变就是为了让旁观者看出改变前后的不同：“他竟然能在整个会议上都不大喊大叫、不藐视别人。”如果你不能把改变具体化（并且在态度或价值观方面的改变也不易定义），那对于乔希来说，如果他认为这是个模糊不清的概念，也是毫不奇怪的。并且即使他改变了，那新乔希也不是你期望的那个。

最后，在做下步之前一定要把这点弄清楚。你会继续做其他诸如监视或进一步培训的工作吗？

4. 识别可能的防卫反应

不论你多么小心谨慎，如果他对你培训的最初反应不是愤怒或采取防卫反应，那我才觉得奇怪呢。通常，异议者和创新者会对他们观点的正确性、他们的额外知识以及总体上他们优于其他人的思维的能力有一种紊乱的概念。他们就是认为其他人没有什么可以传授给他们的。考虑到这个原因，当他们听到不同的意见时，这可能会对他们是个震动。并且，会很自然地采取一些防卫反应。但这不能成为回避谈话的原因——恰恰相反。人们通常通过表现出愤怒来阻止别人继续谈论让他不快的话题。所以你需要硬着头皮前行。

下面的表会给你提供一些当人们采取防卫反应时的例子。看看哪个是你的异议者曾经使用过的？

采取防卫反应的目的是把你从中引开。如果你是在谈论自己处理某事的行为是否正确，这个话题本来就谈了很长时间，并且还被延长了，那可能就会错过讨论关于正确性的重点。在这种情况下所应采用的技巧就是不参与。无论发表你所掌握的数据还是你的观点，但就是不去争论你所关心的问题是否真实、准确或适当。如果他说："你在小题大做。"你只需回答："我不这么认为，我觉得讨论一下你如何处理自己与技术员之间的关系这很重要。"看到了吧，实际并不难，是吧？不管他什么时候采取防卫反应，你只需保持不断重复你的观点就行了。

然而，不要以为所有的反对都只是出于自我防卫的目的。这其中有一些也是合理的。如果你只是机械化地执行，并且不顾问题的合理原因，这样做只会降低异议者培训的效率，你也会因此而丧失支撑这种培训的宝贵基石。比如乔希说："是玛乔丽，对不对？她是个捣乱分子。她向每个上司去打我的小报告。"这些你了解吗？有没有可能他是对的呢？我不是暗示他是对的，但他的"防卫"可能的确与你所理解的问题不同，可能反应了问题的另一个侧面。

可能的防卫反应	
问题不存在	这不是真的 我对这个资料表示怀疑 你的观点是错的
即使问题存在也是无关紧要的	这无所谓 我没有时间去处理它 有什么大不了的 你没权力告诉我该做什么 它真的重要吗

可能的防卫反应	
即使问题存在，我也别无选择	我的项目需要它 你的最后期限压得我不得不这样
你有什么地方做错了	你在小题大做 你误解了当前局势 你过于敏感了
别人有什么地方做错了	你在指责他 她要求得太多了 他们应该成熟些
	这是懦弱的表现 如果谁只管做好他的本职工作，就不会有这样的问题了 他太感情用事了 他们应该刮目相看

5. 熟记开场白

正如我以前所说的，你的首要任务是说服你的异议者，让他相信他必须从根本上改变，所以你的开场白至关重要。以下是各种场合你可能都会用到的一些开场白。

- 实施想法就如同想法本身一样重要。否则这就是在浪费创造力。
- 你知道政客的第一项工作是什么吗？挤入候选名单。很有道理吧。如果没有人听，你就不可能去影响他们。这也是事实吧。如果大家都失去了兴趣，那他们就听不到创意了。所以我们也需要挤入选名单。
- 这么好的一个想法如果失败了就太可惜了——但是如果我们从高级经理们那儿得不到信任，它就没有成功的可能。
- 你知道，你的想法让市场部的人很难堪。我知道这不会造成什么大变动，可也会有些影响。但我们不想因为某个人的破坏而使我们的整个计划失败。
- 你我都知道这个想法很重要。这是我们共同的成果。但它毕竟不是对每个人都有利。所以我们必须得聪明点，让他们从我们的角度去看问题。

一旦你说出了开场白，就得一一列出你想说的重点：阐明问题并且明确讨论它的重要性；举出支持你观点的论据；需要改变哪方面；你非常愿意提供帮助。

回避“培训”这个词

虽然在本章中我们频繁使用这个词，但我几乎在谈话中没用到过它。“培训”包含了很多含义，其中许多都是说“我知道的比你多，所以你得听着”的意义。所以，不要用它，而要使用一些其他替代词，如下所示：

- 抛开一些想法
- 集思广益
- 从另一角度看
- 征求其他人的意见

但是，虽然这些词听上去不那么明确，但你所做的工作仍然是培训。如果异议者抵制，你可能就得向他说明问题的紧急，以及必须采取这种做法。这可能就包括：

- 需要解决的问题
- 想想如何才能避免问题的发生
- 解决担心的问题

不过要记住，虽然你会倾向于异议者自己提出接受培训的要求，但多数情况是他不愿意，但你也得这么做。

培训异议者

我在前一章说过，尽管异议者愿意一一数落别人犯的错误，但一说到他们自己的问题，他们就是另一个样了。他们也有这样的毛病——同其他人一样——不是正面与工作问题对抗，而是采用旁门左道或背后反对。这未必能说明异议者阴险狡诈。他或许只是真的不知道如何用另一种方式来处理这种局面。但是由于他直率，如果不及时制止就会带来很坏的影响。以下步骤可以帮你培训他。

1. 让问题浮出水面

自从你接管以来，乔希和他实验室的技术人员一直都处于激烈地角逐战中。她抱怨说他从来就没听过她的建议；他认为她效率低、总爱说大话。双方都得培训。你准备先从乔希入手。你已经做过了上述的“家庭作业”。技术会议就要召开了。

你：好吧，乔希，有什么事吗?

乔希：没有，都做完了。

你：那我有一件事，玛乔丽的工作怎么样?

乔希：和以前一样。我真希望你能让她别留在这儿。

你：几乎没别人会她的技术，所以很难换掉她。

乔希：我们当然能找个不总抱怨的人。

你：即使我们能找到，可新人需要适应，这会打乱我们的计划。我觉得把你们的工作关系重新摆在一个良好开端会更有用。

乔希：好啊，不错。你去和她说吧。

你：我会的，但是在这件事上，我想你们双方都得努力。

乔希：哈!

你：事情是什么时候开始变糟的，你们这样“以牙还牙”的肯定不是一两天了。

乔希：你觉得我得忍着她? 我只是回敬她给我的。

你：但这就是问题，是吧? 如果每个人都想报复对方，事情就很难改善。

乔希：是她先这么做的。

你：你知道吗，我是说，除非有一方决定重新开始，否则能有什么事发生?

乔希：好吧，我会一笔勾销的。现在谈完了吗?

你：很好，我很高兴听你这么说，能这么解决简直是太好了。

在谈话的开头一定要说明你为什么认为讨论这事很重要（“我觉得把你们的工作关系重新摆在一个良好开端会更有用”）以及如果问题得不到解决会有什么样的后果（这会打乱我们的计划）。乔希可能对这次谈话的原因略知一二，并且竭力想半路打断你的谈话。这是一种典型的防卫反应，是意料之中的事。然而，你不能就此停住，因为只要玛乔丽再次招惹他，他们之间的仇恨就会立即回到以前的状态。所以你不能完全相信他不再争斗的保证。

你可能同样也注意到了乔希试图把谈话往玛乔丽那边引。这是可以理解的。从他的角度看，玛乔丽的确存在问题。你想要承认的是问题是双方面的（“我可以和玛乔丽谈”），但要把重心放在乔希这方的责任上来解决问题。

2. 培训

你试图展开这个话题，但乔希对此采取了防卫的措施。别让它阻碍你。坚持引出问题的关键——帮助他纠正他的行为。

你：你能怎么做才能让事情变得更好呢?

乔希：嘿，我这边不是问题。

你：乔希，一个巴掌拍不响，双方共同努力才能解决问题。

乔希：那好，如果她能照我说的做，不喋喋不休地争个没完……

你：乔希，我在问你要怎么做，不是玛乔丽。

乔希：山姆，就是玛乔丽……

你：对不起，乔希，我不能同意这个观点。我想我们肯定能做点什么。

乔希：比如说?

你：比如说，你说玛乔丽和你争论……

乔希：经常。

你：要是你不是老不理睬她的建议就好了，你为什么不向她解释一下为什么这些行不通?

乔希：我没有时间去向她解释她的工作。

你：这就是为什么?

乔希：她只要照我说的做就得了。

你：不，乔希，这不对。玛乔丽是名熟练的技师。当事情出错时她能看出来。

乔希：如果她按要求做，什么错都不会出。

你：乔希，我需要你做出努力来解决这种局面，这对每个人都好。听取她的建议是个好开端。

乔希：但是山姆，这都是些愚蠢的建议。

你：所有的吗?不是玛乔丽指出子系统 B 上存在问题的吗?

乔希：没错，让她碰上了。

你：你怎么知道她就不会再“碰”上点别的？

乔希：我告诉你，她那只是推测。

你：好啦，乔希。你知道这不是真的。玛乔丽让我们逃过了一劫。并且如果你多听她说说，也许她还能帮上更多的忙。

乔希：山姆，我没时间。

你：这会用多少时间？你上次怎么说的？

乔希：是当她提出那个愚蠢的建议时吗？我就是这么说的。

你：说那个愚蠢的建议？

乔希：对，没错。

你：但它为什么愚蠢？

乔希：山姆，你不知道，这超出了你的能力范围。

你：也许吧，但玛乔丽呢？

乔希：也许明白点。

你：所以解释一下有什么关系呢？

乔希：这是浪费时间，为什么要这样？

你：因为她明白得越多，对你就会越有利。并且她会理解她的建议为什么行不通。

乔希：天那，那得费多少时间。

你：但是和她冲突就不费时间了？

乔希：好吧，对，那你为什么不换掉她……

你：乔希，为什么你不试着做点什么呢？就用下周一周的时间，试着解释一下为什么有些事行不通，只是试试，看有没有效果。

乔希：我不明白……

你：乔希，我需要你这么做，行吗？

乔希：噢，好吧，如果这真的对你这么重要。

这个谈话可能还会更长，这就要看乔希是如何防卫的了，以及他撒“烟雾弹”的能力。我假设他不是个老道的人，这样也可能少费些篇幅。不过你脑海里应该已经有了一个基本的了解。希望培训能够不断地强化这个目标。

问某人他想要采取什么方法来解决问题，这是个不错的开端。如果他建议的事可行（比如，不是说“如果她能照我说的做”），那你可能早就提前完成任务了，因为这样他就更有可能实现他所提出的解决方案。

但如果他没这样或者不会这么做，那也别奇怪。虽然你可能强迫乔希与你谈话，但你却没法让他变得由衷地想解决问题。然而，同样你得有这样的准备，只要你一谈完，乔希就还会和从前一样拒绝这么做。因此，你可能要花比预期更多的时间来向他说明，为什么他说明他的行动的原因是很重要的。

做好与他就这个话题谈上好多次的准备。因为乔希不可能做什么事都按你第一次告诉他的话去做。可能在有结果之前，你得和他谈上好几次。因为他抵抗，所以进展会很慢。

一旦他开始变得能够听得进去一点，那肯定是因为他从你说的话中认识到了些事情。但别指望他会承认（“嘿，山姆，你完全改变了我的生活。真不知道如何感谢你才好!”），但是，他内心深处会感觉到事情比原来有了改善，他可能对你的干预不再那么抵触了。不会是渴望，只是不那么抵触了。

然而，需要指出一点，如果能让他改变，那也是代价过高的胜利（Pyrrhic victory）。就是说，你们之间的关系会受到很大的损害，情况会比开始时更糟。显然，你不希望得到这样的结果。所以，你要注意，当他的抵触情绪很强烈的时候，你就必须退出谈话。

但幸运的是，不难察觉像乔希这样的人所发出的抵触信号。他们会很激烈地与你争执。所以当他这样做时，你就可以判断出他愤怒的程度。如果强制他改变，甚至是与他发生的争执都会增加他离开或在工作中停止做出贡献的可能性，那你就要好好思量一下，冒这种风险是否值得。如果不值，那就找个台阶从谈话中全身而退。赞同异议者所说的最后一件事，这种方式通常会奏效，就如：

“山姆，这太愚蠢了，实验室的技师好像天生就爱发牢骚，但你要不理他们，他们就会安静或闭嘴的。”

“嗯，所以这就是你认为的最佳解决办法。”

“没错，没别的办法。”

然后你退出谈话。但记住只有当代价大于潜在利益时，或者是，你预见会有某些抵触并且他会采取自我防卫的方式，与他争论某个要点要再花费一整天的时候，你才应该选择这种做法。始终记住你们的关系同罗马城一样，都不是能在一天建立起来的。

动用讽刺挖苦的比喻

异议者可能会耍些小聪明，用很出乎意料的方式来攻击他的对手。我发现，如果相互间的攻击夹杂了怨恨和误解，动用了讽刺挖苦的比喻，那矛盾就很难调解了。举个例子，在我早期的经理人生涯中，一次，我责备一名员工只知道抱怨，并且还把他比喻成“扔在路上的一块冰球状的肉块”，就扬长而去。给那些不明白的朋友解释一下：冰球是冰球运动员在冰场上打的，而扔在路上的一块冰球状的肉呢？很难说，或许把它冻瓷实了之后，能让小孩子在街上当冰球打着玩吧。我还曾经对另一个人说过，把任何东西交给她存档，就好比把它丢进了加尔各答黑洞里一样。他们当中是不会有人对这样的挖苦释怀的。所以，告诫异议者在说话时不要动用这种挖苦的比喻。请相信我，这样绝对会更好。

3. *要求改变*

在前几个阶段，你竭力主张改变。有时，光这样还不够。当你的主张失败时，你就必须要求他改变。改变并不容易。对乔希来说，按你说的做，这意味着他必须忽视他自己的直觉反应，而去让自己变得高大起来。虽然这种做法会收到很多效果，但显然，这不可能是当他正指责别人的时候想做的事，并且，让我们面对这样一个事实吧，这也不是一件能让人在心理上得到很大满足的事。驳倒对手比改变自己更具有吸引力。但如果不改变则会引发大问题的话，你就得明确表态。你不只是简单地支持异议者改变，而是要求他改变。

	你	乔希，有空吗？
	乔希	有。
	你	玛乔丽的事怎么样啦？
	乔希	不能再糟了，她那套老把戏又来了。
	你	我还以为你们能有点什么新的呢。
	乔希	我也这么以为呢，但就是不成。为什么玛乔丽就是不能不提那么愚蠢的问题呢？

提醒他，你们曾经达成过协议。	**你**	咱们先来看看你这边的问题，你给她解释为什么那些建议行不通了吗？
	乔希	啊……这没用。
别让他就这么溜了。	**你**	不试试怎么知道？
	乔希	会有什么用啊？毕竟是因为这是你提议的，所以你才会认为它有用。
	你	你怎么知道让她理解这些建议为什么行不通，这会不会对她的工作起到帮助作用呢？
	乔希	噢，得了，为什么非得这样？
	你	但如果你不试试，怎么知道不管用？
	乔希	山姆，我没时间……
保持重心一直放在谈他的做法上。	**你**	乔希，我对这件事是认真的。不能因为没人听玛乔丽的意见而让咱们失去她，她很重要。
	乔希	我不可能手把手教她。
明确要求。	**你**	我不是在要求你。我也不想这么做，但除非我看到你们的关系得到了改善，否则我会答应她调动的请求。
	乔希	太好了，那我们就可以换个更好的人了。
	你	不，乔希，我不这么认为。首先，她所掌握的技能很稀缺。并且如果你不能与她和平相处的话，我很难相信你就能和别人相处融洽。
	乔希	你不能这么做！那谁去做那些繁琐的工作？
	你	问得好。
	乔希	你不能这么对我！
	你	乔希，我让你做的只是解释一下你的决定。这有那么难吗？
	乔希	这只会浪费时间。

	你	要同时做她的和你的工作，那才是浪费更多的时间呢。
	乔希	你不能这么对我！
	你	你就试试看，行吗？
	乔希	好吧，好吧，如果你保证留下玛乔丽。
在他的做法改变之前，别轻易让他得到“战利品”。	**你**	我不能保证，如果她要离开公司，我会尽我所能地留住她，但如果她只想调动工作，我是会同意的。除非她自己决定想和你一起工作。
	乔希	这简直就是恐吓。
	你	得了，乔希。就和她说说为什么她的建议行不通吧。说老实话，这可不是件难事。

这些谈话进行得都不轻松，特别是当谈话的一方确信自己不存在问题的时候。你或许就得靠充当临时教练来迫使他尝试新的做法。这会使你处于进退两难的境地。你却不想就因为乔希和实验室技师之间恶语相向而失去他们中的任何一方。

如果你已经和乔希把问题谈到了这个阶段，并且还下定决心要他有所改变的话，那你就别指望他能喜欢这个想法。听起来有些可笑，但实际上许多经理都固执地坚持，希望会发生这样的情况，某天乔希突然兴高采烈地说：“天哪，我从来都没想过，你是正确的。原来我一直都是个难以相处的人，我要改过自新。”如果他一直是朝着这样的目标努力的话，那你只能等上很长的时间，才能等到他成熟起来。但事实上，只要你明确了要求他改变的原因、要得到什么样的改变以及给了他充分的时间去狡辩、发泄不满，这时你就已经完成了你的任务。

如果你迫使他这样做了，但他却总是抱怨个不停。甚至当他已经对新做法运用自如，并且可能还看到了一些效果时，却还会对强迫他做他不愿做的事的经理心怀不满。在这种情况下，你也只能认了吧，接受这个事实，管理不是件受人欢迎的工作。

不管怎么说，都不要拿玛乔丽调离或其他的事作为威胁的手段，除非你真想这么做。如果你不是的话，当事态严重时，乔希会看到你只是说说而不会动真格的。下次你再遇到这种“讨论”时，就会更难处理。所以，只说那些你能把握的话。

4. 行动跟进

这是另一项经理不愿做的工作，并且他们对此也很不在行。这种勉强是可以理解的。因此整件事基本都是——我推一步，你走一步。反复谈论一个话题终归不是件让人愉快的事。其实行动跟进只是单纯地重复你的预期，不会产生负面作用。它也可以作为对乔希努力的一种奖励。但通常这种做法不会有什么乐趣。然而，一旦你对他的行为有了要求，你就要确保能得到结果。否则，别人就真会认为你只是在小题大做。

另一个例子

这一过程很让人头痛是吧，我再给你举个例子，还是关于乔希。这次，他把挖苦的对象指向了首席执行官。比如说他没给阿维诺发邮件去解释他的误解。但事情还是平静了下来，没人再谈论道歉或者这类的事。然而，你知道你还是得和乔希谈谈，因为他总是公开指责高级管理层，这不能不产生什么后果。

让我们先来做准备工作：

(1) 准确定义问题

这至少是最容易的一步。乔希指责高层管理人员，好像他们会对此毫无感受。你很清楚，如果指责某个会为项目提供资金的人是“傻瓜”，并说“除非好想法直接落到他的鼻尖上，否则他就看不出来”，那这个“傻瓜”肯定就不会提供资金了。但这点乔希就是不明白。

(2) 确定补救方式

那么是不是就一定逼他做或不做某事呢？对你公司的高层管理人员，你比我更清楚。如果他们会因为受到诋毁而采取报复行动，那你可能就得强迫他这么做。如果他们不会追究这种偶尔的侮辱，虽然你必须同他谈谈，但还不至于非得逼迫他改变。

(3) 定义所要的改变

乔希需要改变什么呢？不要直呼首席执行官的名字吗，当然这算一条，但你能不能再要求点别的？想让他变得更有礼貌（可能有点难），或者更耐心地听取别人的意见（这也是个挑战），或者帮你推销他的想法（不错，但这怎么可能呢）？不同的选择会导致完全不同的谈话。但要把选择保持在一定范围内。那咱们就选一个你可能会很乐于接受的吧，比如说，让他无论当着或是背着上级，都不要说他们的坏话。

(4) 可能的防卫反应

乔希认为他对阿维诺的敌意表现得光明磊落。所以他的防卫反应和你的回答可能会是这样：

防卫反应	可能的回答
“这有什么大不了的?”	“他掌握着财政大权，所以他要是觉得好，那就没问题。”
“你这是在巴结他。”	“也许吧，但要是就因为几句话使你前功尽弃的话，那才可耻呢。”
“他太感情用事了。”	“也许，但我们谁都没法控制。如果他想感情用事，那就随他，只要不影响我们的资金，那我们不必太介意。”

(5) 熟记开场白

你要怎么样开始梳理这一团乱麻式的局面呢？让我们通过一个对话来看看。

	你	嗨，乔希，有空吗?
	乔希	有吧，我想。我正在等测试。
	你	太好了，你知道，咱们又得跟几个月以前那样再做一次项目展示。
	乔希	是呀，我希望他们这次能变得聪明点。
	你	唔……乔希……这就是……这就是我想说的。
	乔希	什么?
	你	关于你说“这次能变得聪明点”的话。
防卫反应。 让我们把它按顺序排一下看看。	**乔希**	噢，山姆，只是开个玩笑。别太认真。
提出问题。	**你**	我知道，可别人不这么看。他们会很介意你这么说。

	乔希	那就是他们的问题了，对吧？
解释问题的严重性。	**你**	可我认为这是我们的问题。我们需要他们的支持。我们不想因为在称呼上冒犯人家而失去支持。
更强烈的防卫反应。	**乔希**	好了，那你想让我怎么做？拍他们的马屁吗？
	你	根本不是这么回事。但在拍马屁和冒犯之间总能做点别的吧？
	乔希	噢，得了，山姆。我这么跟你说吧：那些家伙挣那么多钱，他们能受得住这个。
	你	我不同意，如果他们中的某个不想再忍受下去了呢？
	乔希	那就像我说的，那是他的事，难道不是吗？
	你	如果这意味着他决定不支持给我们提供资金了呢？
	乔希	他不能这么做！那就太愚蠢啦！
说服他。	**你**	我同意，但要是有这种风险呢？
	乔希	不可能，就因为我说了几句“真”话，他就反对我？
重申观点奏效了。	**你**	是呀，可能不会，但为什么要冒这个风险呢？
	乔希	你认为每个人都会那么傻，就因为挨了几句说，就要放弃一个这么好的项目？
再次重申观点。	**你**	我不是说每个人都会，但值得冒险试试吗？
	乔希	老兄，这太傻了。
	你	可这傻吗？
	乔希	好吧，也许不傻吧。那你是想让我拍马屁了？

培训	你	不是，但不要再把他们叫做“白痴”了，这总没什么难的吧？
	乔希	但，这是事实。
	你	恐怕我不能同意。但即便是这样，也没必要非让人家下不来台吧。如果你变胖了好多，你让人老说这事吗？
	乔希	不想。得了，得了，我低调点成吧。
	你	这就对了。你想怎么做？
	乔希	好吧，我不再开“白痴”这种玩笑了。
	你	这还差不多。那你觉得你是不是也可以再改变一下想法，他们并不是愚蠢，只是和我们考虑的重点不同。
	乔希	哇！这我可不干！我可以不这么叫，但我不能不这么想。
	你	好吧，好吧，我只是想让你试试。
	乔希	试试可以，不过没用。

你注意到乔希认为对此只有两种观点：拍马屁或者怎么想就怎么说。如果真是这样的话，我们可能也会选择乔希的做法。而事实并非如此，你要帮乔希认识到还有第三种选择，既能做到忠实于他的价值观，又能不冒犯上级。

你同样也要帮乔希认识到，他的做法会影响别人的决定。博得大家的好感，其重要原因就在于，人们对某事的关注往往是发自内心的。他们要是对某事感兴趣，就用不着使用激励或甜言蜜语哄骗的方式。但也就是由于这种关注的动力主要来自于内心，所以他们可能不过多考虑他们的行为和言语会给别人造成的影响。在乔希接受改变他的做法之前，你可能就需要向他指出他的行为所造成的影响。

在这个对话中，你几次重申观点，这很有效。无论别人怎么说，你都保持一再重复要点。“重申”这个词很关键，如果你是说“就这么做，因为我说过了”，那你成功的概率就微乎其微。然而通过某个论据或某个词（“值得冒这个风险吗?”）来击垮乔希的最后防线，这种做法可能会让你达到目的。

我以前提过，你们可能在最初达成过某种一致意见。并且你可能还是需要不断地重申，并一再地敦促他改变。但是，你介入这个话题的方式已经为你奠定了一个基础，你不用总去梳理乔希存在的问题，至少不用一直这么做。这就使接下来的步骤变得轻松了许多。

概　要

对于一位经理人来说，培训那些不想接受培训的人是项艰苦的工作。当对方认为他没有错误，并且又是在不能失去他的时候，难度就更大了。但是不仅为了营造一个平衡的工作进程，同样也是出于对被培训者的考虑，这都是经理人的一项最重要的职责。被培训人可能不会对你感激涕零，但你的培训的确拓展了他的职业技能，使他学会了采用其他方式来处理问题，提升了他们作为员工的价值。虽然做到这点很难，但无论从短期还长期的角度来看，都是有回报的，并且与处理潜在的异议相比，这要简单得多，有关潜在异议的部分我们将在下一章进行讨论。

要　点

- 如果异议者的做法过于背离常规，就会影响你所追求的效率。
- 你需要说服异议者，他需要掌握相关的为人处事的技巧。
- 培训前的准备工作包括准确识别问题、改变具体化、确定补救方式、尽可能地预测防卫反应，甚至还包括练习你的开场白。
- 培训异议者包括让问题浮出水面、要求改变和行动跟进。

第 8 章 识别潜在的异议

一个组织或单位是关系和谐还是实际上正在压制异己，一直以来都不容易判断，因为无论在哪种情况下，表面上看起来都一样。本章向经理人介绍一种测试方法，来判断工作场所是否存在潜在的异议。

沉默表示默许吗

你曾在某次会议上听到过老板说："有人反对吗？"底下鸦雀无声，于是老板接着说，"好吧，沉默就表示默许了。"说完他又接着进行其他事项。

三个月后，老板猛敲着桌子咆哮道："这件事为什么到现在还没有完成？我们上个季度早就讨论过了！"大家全都一言不发，但是老板却没打算结束，"安迪，我问你，客户本来应该拿到样品了，但你到底都做了什么？"

安迪开始坐立不安，眼光四处逡巡，希望有人能支援他，但是每个人的眼睛都紧盯着桌子，没有一个人声援他，安迪只好说："哦，布赖恩，是这样的，这些样品呢……它们太廉价了。总之，我看，这种东西就算是免费赠送，客户可能都不想要。"

布赖恩把问题的焦点转移到安德烈亚身上："太廉价？怎么会太廉价？"

安德烈亚清了清嗓子说："布赖恩……我们没找到以前用来做这种样品的混纺丝绸……只好暂时拿这种有一定伸展性的聚酯凑数了……"

"够了！有问题，为什么当时不说？如今我们白白断送了三个月的时间！"

布赖恩批评得很对。如果安德烈亚当时就把生产问题提出来，或者安迪当时就表明了客户对样品的反应，做出的决定可能就截然不同，他们对提出的问题也可能理解得更透彻。无论在哪种情况下，团队都不应该浪费这么多时间却一无所获。大家为什么都不愿意有话直说呢？因为如果我说这种方案可能没什么效果，我的老板对他自己的观点如此执着，他显然会狠狠地批评我一顿。为什么我会这么想？因为他以前就曾经这么做过。

在应该提出异议的时候却保持沉默的现象屡见不鲜。领导力专家沃伦·本尼斯（Warren Bennis）发现，当上司出错时，有70%的员工选择沉默而不是纠正错误，有时甚至容忍上司犯错误①。以前的数据也差不多。

沉默不一定表示赞同，有时甚至可能是存在潜在异议的表现。

潜在异议的三个层面

潜在的异议。在这个阶段，提出异议没有任何好处，经理们害怕这个阶段也是情有可原的。存在潜在异议的迹象也非常微妙。

比方说，你的老板是个怪人，特别注意细枝末节，那你就要向他汇报所有细节。你事无巨细地统统向他汇报，他就无法区分自己究竟要了解什么。你的老板不得不拒绝你提出的那些离奇的方案，只留下你自己希望实施的方案。你承认，他绝对需要掌握的某一信息肯定曾经有过，但是如今却可能因为六个月前服务器瘫痪而丢失了。

人们不一定把自己隐藏的异议都特别积极地表现出来。它可能是，明白一台机器快坏了、无法继续运转；或者是“忘记”告诉老板在另一个城市召开的会议已经被取消了；或者是忘记提醒：价格优惠、勿失良机。我曾经听说过，有个老板总是找不到钢笔用，原来是一位心存不满的员工把笔统统都藏起来了，这个员工离开后，人们发现柜子后藏了一大堆钢笔②。

潜在异议者的世故程度有很大差异。有些人是个中高手，而有些人却是平庸之辈。我们把潜在异议者分为以下三个层次。

持潜在异议的平庸之辈

潜在异议者中的平庸之辈通常都不太成功，因为人们很容易发现他在设

① 《加利福尼亚管理评论》（1997年，秋季，第40卷，第1部分），第65页，查尔兰·珍妮·纽曼斯所写的《管理创新：当多意味着少时》（*When More is Less*）。

② 《财富》（2000年5月1日），第329～331页，卡罗尔·温赞恩（Carol Vinzant）所写的《与上司胡闹》（*Messing with the Boss' Head*）

法搞破坏。他可能在开会时说“就算汤姆没错，我们还得按原计划进行”或者“那没用，我会用实际行动来证明”之类的话。他们的方法都很鲁莽。他一方面表示自己的异议，另一方面又想方设法让错误的事情发生。他希望失败，又容易被人看穿，不是一个世故的玩家。

世故圆滑的潜在异议者

第二层次的潜在异议者知道如果某项行动已经提上了日程，他即使不同意也必须遵从。但为了表示不满，他通常通过以下两种不同的方式表达：

“我认为这个目标很好，我很喜欢。”

以及

“就是有点担心进度。”

接着整个团队花费大量时间群策群力来制定决策（需要大量的背景知识，并非每个应当参与的人都到会，需要重新考虑已经制定的决策）。如果你花费了太多时间梳理这个过程，实际上就是浪费时间。这个玩家不会对目标提出质疑——他恰好在通向目标的征途中身陷囹圄。

潜在异议者之中的高手

潜在异议者之中的高手是非常世故圆滑的，他们采用的方法非常微妙，因此我要举一个例子来解释。有一个跨部门跨区域的大型组织的首席执行官决定打破集权式的决策方式，将权力下放到各个地区。他从组织各个部门召集了一群人协商具体的工作方式。罗杰自己也加入了这个队伍。

罗杰在这个公司做了一辈子的运营副总裁。他知道该公司内部政治斗争的来龙去脉，也十分清楚政治斗争最激烈的地方。他看着首席执行官们换来换去，有些人同意他的集权化观点，也有些人像现在这位首席执行官一样喜欢把权力下放给顾客。几年来，如果权力被分散化（大多在他自己管辖范围内），他就预言会爆发台风、龙卷风和各种各样的自然灾害，以此来恐吓首席执行官。以前非技术专家出身的首席执行官都买他的账，但现在这位首席执行官的气象学专业知识十分丰富，而且见多识广。不，他宁愿冒着自然灾害的风险，把决策权移交到各个地区。

在处理公司政治方面，罗杰可算是名老谋深算的高手，根本用不到上面描述的那两种表达潜在异议的方法。他加入了那个团队之后，凡事都小心翼翼。在团队里，他总随大流，应声附和团队里其他成员所支持的任何立场（我们必须面对这一现实，除非我们假设我们的前辈都绝对是蠢材，否则我们就有理由继续采用以前的工作方式）。虽然他心底并不支持，但恰恰相反，他的一言一行表现得却好像完全支持首席执行官。谁都无法指责他抵制变革，他似乎也积极地配合团队工作。

他作为一个潜在异议者真正的过人之处就是，只在看似无伤大雅的变革中才会显露他作为潜在异议者的身份。他说服了整个团队相信，他们有必要达到某种全国的一致性。毕竟，如果你在密而沃基市能买到松脆的、半熟的条状法式油炸食品，在多伦多能买到暗色的、厚厚的、令你垂涎欲滴的手切式油炸食品，那你怎么还会想到麦当劳呢？噢，对不起，我离题了。

继续谈某种全国的一致性。毕竟，A 地区的顾客与 B 地区的顾客一样，都有权利得到同样类型和水准的服务，因此某些全国的一致性是必要的。

“某些”是个适用范围极广的词，是吧？你可能会想到手中拿着的“某些”香喷喷的法式炸圈；而我则会想到“某些”滑到盘边的无关紧要的几个饭粒。那罗杰呢，不用说，他肯定指的是后者。当他说完的时候——很好，我已经完全可以肯定，各家地区分店可以自主决定员工人数，并且我还很高兴，他们还能自由选择决定咖啡厅的布置，但是除此之外——全部将实施全国一致。看到了吧，多老道、多圆滑！罗杰酷爱这种结局，并且这完美的实施过程足以让他疯狂。只用了几个无关紧要、无人问津的小细节，便全部搞定。

虽然我藐视这种不上台面的手段（你得承认，它的确有可笑之处），但它确实达到了实现的结果。罗杰看似支持，但却暗自酝酿着反叛行动。他表面上让首席执行官得到了想要的一切，但实际上只是个空壳。潜在异议会隐藏在不同的层次，越狡诈的潜在异议者，你就越难发现他、越难与他抗衡。

为什么异议会演变为潜在异议

如果你还记得的话，对于创新来说，异议的第一二个阶段最重要并且也最能做出积极的贡献。第一个阶段是情景异议，它指的是某名员工对工作总体来说满意，只对个别环节有异议。第二个阶段同样也会对创新做出积极贡献，但只是相对第一阶段更难处理，发生在某名员工承担起异议者角色的时候。当组织想请他们以效率为重、暂时抛下异议继续前进的时候，这两类异议者都很可能会支持组织的决定。正如我们所讨论的那样，越能容忍这两类异议的组织，越可能识别和利用具有创新性的想法。

然而，如果当经理们开始过于关注效率而忽略了异议的时候，他们可能就是在将员工推向潜在异议的阶段。他们通常的方法可能是，把异议者合理的建议（“我们不能这么做，除非我们想在未来八周里毁掉自己”）当做对神圣忠诚的背叛。在一个压制异议的组织环境中，指出显而易见的事实的人会被当做是不忠、背叛组织的成员或是捣乱分子。因此，异议被压制了。

一名用这种方式对待异议者的经理人，通常把异议者提出的事实与他们可以对此做出反应的能力相混淆。比如，大家不得不加班加点直至深夜，就能赶上最后期限。对此，经理无能为力。但只是因为他对此无能为力，所以他有时会刻意压制别人对此提出异议。他并没意识到，当他不愿承认某种显而易见的事实的时候，他就是在建立一种让异议演变成潜在异议的氛围。如果他总是这样做，大家就会认为他们不可能在提出合理意见的同时而不被当做捣乱分子对待。但无论是事实，还是想要提出异议愿望，它们都不会就此消失。恰恰相反，它们会转入地下，并且在这个过程中，还会被扭曲成某种令我们担忧的摧毁性的力量。

《与白痴共舞——老板傻瓜，你聪明》（*When Smart People Work for Dumb Bosses*）一书的合作作者威廉·伦丁（William Lundin）①。这样说，潜在异议是“一种当你不能或不敢为自己仗义执言时的交流方式”，并且为70%的被访者都不敢仗义执言的采访结果深感忧虑。当人们感到被压制，担心会因为表达心中不满而遭受打击报复时，潜在异议就成为了他们的一种发泄方式。对于不掌权的人来说，潜在异议就是他们手中的武器。

潜在异议为什么令人担忧

到底潜在异议会是什么样呢？说真的，抛开那些不便，也不要遮遮掩掩兜圈子，如果当人们转向潜在异议，到底会是怎么样呢？

美国工业安全协会（American Society for Industrial Security）发现员工是组织专有信息漏露的主要渠道②。据统计，三分之二的智囊就是从这个渠道流失的。身处我们这个激烈竞争的环境中，内部的敌人比外部的敌人更可

---

① 与前文所引文献同。

② 《财富》（1998年9月28日），第202页，蒂姆·卡维尔（Tim Carvell）所写的《随便说一句……你的团队憎恨你》（*By the Way…Your Staff Hates You*）。

怕。感到愉快和满足的员工与心怀不满、感觉被忽略的员工相比，哪边更可能出纰漏呢？心怀怨恨的员工将会使你付出代价。

另外，潜在异议已经失去了创新的成分。渥太华大学的一名教授，马克·斯布诺（Marc Spooner），他专门研究创造力和反叛行为。他发现，不仅是创造力，并且反叛行为也需要打破常规、推陈出新，需要冒险精神①。你可以从我们以前举的例子中看出这一点。其实，琢磨对你老板出气的办法（就好比藏起来的那些钢笔）和提出让他欣喜若狂的创意，都需要发挥同样多的创造力。

不仅如此，更糟的是，斯布诺还发现，一旦你走上了这条路，就会像滚雪球一样，越滚越大、无法自拔。那些自愿选择采用反叛行为的人通常会一而再、再而三地这样做。他们不断尝试，或是寻找其他“志同道合”的战友。通过这些联盟和练习，他们对反叛行为运用得更加自如（这就是说可以在不被发现的情况下更加熟练地御下车轮上的车条）。同样也会更容易地产生负面影响。但值得欣慰的是，这只是问题的一个侧面。一旦当你开始采取那些反叛行为，你也同样可能会变得更加富有创造力。如果能把大家引导到创新的轨道上来，那他们很可能就会按创新的轨道不断前行。

从而，组织中的成员会变得充满创造力。一家富于创新的公司和一家陷入困境的公司其区别就在于表达创造力的方式是积极的还是消极的。

为什么潜在异议令人担忧的最后一个原因，通常也是人们为什么会认为潜在异议有危害性的、阴险的原因。我曾经在这样一家公司工作过，他们在这方面做得不是很好。一次，公司决定进行团队建设的演练。我们被分为两组，每组都执行同样的任务。但实际上，演练的目的在于使大家认识到两个小组只有在通力合作的情况下才能取得共同的成功。多娜很聪明，她一眼就认识到了。她从容地向队友说了她的想法。但队友们只是很有礼貌地听着，听罢就又继续研究他们的竞争策略。我们就这样进行了一阵子，虽然超出了预计的时间，但还是一事无成。多娜又一次提出了她的建议，队友们就又一次回敬以礼貌地倾听。她又做了一次尝试。可最后，时间到了，没有一个队获胜。

在随后的总结会上，大家意识到他们在活动中没能理解到团队合作的重要性。如果当时我是多娜，我一定会大声喊：“我早就告诉过你们！”但多娜没这么做（这可能就是为什么她比我人缘好的原因）。她没有指出问题不是

---

① 如果你还记得的话，我们曾说过创造就是提出不同的新见解，创新则是把这些见解转化为有价值的事物，并且反叛行为多不为社会所接受。

出在没人知道答案，而是出在没人去听答案，相反，她却表现得好像与其他会队员一样也是刚刚才悟出其中道理。她参加了关于团队价值的讨论，并且还和他们一样发誓下次一定改变做法。

当晚我仔细琢磨了一下这种奇怪的举止，然后我才恍然大悟。公司太注重取得一致性的同意了——虽然不是真正的一致同意，至少也是表面上的赞同。多娜的做法正好体现了在这种公司的取胜之道。她明白与其站出来独领风骚，还不如眼看着团队失败，然后与其他队员们一起收拾残局。身处一种融洽至上的组织文化，与同事共经挫败要远比征服他们好得多。

真正的自我审查是当一个人在主观上开始压制异议的时候产生的。这不单纯是异议转入地下的问题——而是一个人不再有提出异议的想法。这才是最危险的——你在不知不觉中，一点一滴地创造着一种促使人们审查他们自己思想的氛围。他们甚至不能拥有不同的思想、新颖的见解或是黯然离开的想法。你的行为影响了异议，但你却对此持漠然的态度，这种做法的真正危险之处就在于你可能永远不知道你曾如何成功地压制过异议。而现在，那个曾被你压制过的异议已经变成了一个令人感到惊恐的想法。

潜在异议测试

潜在异议的最大问题就在于组织根本不知道它的存在。表面上，事情看起来风平浪静，大家看似和睦相处。但可笑的是，你们总是与目标失之交臂，也不能赶上最后的完成期限，没人愿意多出一份力。组织不仅缺乏创新，并且在日常工作中也步履艰难。所以首先找一找问题是不是出在潜在异议上。下面的小测试会给你些帮助。但它并非全部——这就是说，它不是那种你能借以开始管理咨询生涯的成套的测验，而是根据我对潜在异议征兆观察的基础而得来的。它分为四个部分，第一部分关于组织文化；第二部分是你与上司、同事间的关系；第三部分是关于你的团队；最后是你如何看待异议。

潜在异议测试		
组织文化。在公司里：	**同意**	**反对**
你不想太出风头——因为害怕“枪打出头鸟”。		
将错就错——比如，即使错误是不能接受的，你也能对此赞同。		
能到高层职位的人一定在附和老板方面做得最出色。		

续表

潜在异议测试		
组织文化。在公司里：	**同意**	**反对**
你不得不时常瞻前顾后。		
大家排斥捣乱分子。		
难堪源于犯错误。		
识别出问题的人就是捣乱分子。		
团队队员不应该对政策或路线提出质疑。		
总会有人因为犯错误而受罚。		
小计		

你的同事/上司对以下问题会如何回答：	**同意**	**反对**
公司有许多暗箭。		
幕后交易很常见。		
我们看似同意比挑明事实更重要。		
当某些事不对时，大家通常也不愿指出错误。		
我们中的大多数人会在听完上司的想法后才发表自己的意见。		
尽管策略计划不会产生任何新结果，我们也坚持执行它。		
如果我被当做捣乱分子，我就会为我和同事们之间的关系发愁。		
忠诚意味着让上司实现他想做的一切，不管它是什么。		
我不是真的信任我的上司。		
我不能更进一步地信任我的同事。		
小计		

你的队员对以下问题会如何回答：	同意	反对
当我要求他们做某些事时，有时有些事就是不能完成。		
当我问到原因时，他们的借口含糊其辞。		
对于正式的命令，基本没有或只有少许异议。		
我的雇员倾向于赞同我的提议。		
我的人不问太多问题。当他们明确了要什么的时候，会议就可以结束了。		
我知道团队里隐藏着某个讨厌鬼，但我就是还没在某件事上逮住他。		
有时我觉得我是惟一关心我们团队的人。		
我不得不时常警惕每件事是否都按正确的路线进行。		
没人告诉我坏消息，或是他们伪装了坏消息，所以我没能发现问题。		
我不知道是谁对任何一个项目都提出反对意见。		
小计		

你的观点。提出异议没用，因为：	同意	反对
它不会带来任何好处。		
我的上司不会对此做出更改。		
我不确定我是对的。		
我不想找麻烦。		
没人这么做，那为什么我要这么做？		
我不善与人对抗。		
事情可能会变得很难堪。		
会伤害到别人的感情。		
大家会不喜欢我。		
小计		
总计		

得 分

计算每个部分的小计得分。一般来说，可能采用以下标准：

每一部分中有1~2项“同意”	异议可能是处于公开状态
有3~4项“同意”	异议可能存在问题
有5~6项“同意”	异议转入地下
7项以上的“同意”	异议从始至终都隐藏在地下

把四个部分的小计得分相加。“同意”的总数可以依据下表进行评估：

一共有1~10项“同意”	异议可能是处于公开状态
11~20项“同意”	异议可能存在问题
21~30项“同意”	异议转入地下
30项以上的“同意”	异议从始至终都隐藏在地下

分 析

你是怎么做的？“你的观点”和“组织文化”两部分在总体中得分偏低还是偏高？如果你在“你的观点”那部分得分偏低的话，恭喜——看起来你没有太多的潜在异议。如果你的总分是零或比零多不了几分的话，那可真太意外了，并且我对此也会表示一点怀疑。你的团队可能是因为不愿意伤害别人的感情，或者是还未从前任上司的影响中摆脱出来。另外，对这里的某些描述也不必太放在心上。如果你的团队中青年人居多，你可能就必须得对他们提高警觉，因为他们缺乏做出正确判断的经验。

但对于那些得分快接近篮球比赛得分的朋友们来说，咱们还得继续往下多看看。在小计中，哪个是你选“同意”最多的一部分？是“组织文化”，或者是“与上司/同事的关系”，或者是“你的团队”，还是“你的观点”那部分？问题所涉及的面广，这种情况实际也很常见。影响你的团队如何做出反应的因素很多，不仅与你的管理方法有关，并且还与你处理自己与你的上司、团队中同事，以及企业文化对你产生的压力这些方面都有关。

即使你在“你的团队”这部分中选择“同意”的个数较少，而其他几部分相对较高的话，那也意味着虽然你的队员本身做事光明磊落，但如果他们处在一个倾向于造就潜在异议的环境中，就很容易受到影响。所以即使你的团队氛围很好，你也需要留意自己身处的大环境。

概　要

潜在异议是用破坏的方式处理问题，但它只针对那些因为给所有形式的仗义执言都冠以坏名声所引发的问题。正如我们所讨论的那样，对于其他形式的异议——那些还没进入潜在异议阶段的——组织需要对它们倍加呵护，以增强它们中创新的成分。但许多公司却还没开始这么做。他们仍在潜在异议的文化中苦苦挣扎。他们正腐烂变质，引发高离职率，正变成一个每个人都厌恶的地方，缺乏效率，当然更谈不上创新。即使在这里创新并非迫不及待，你也需要解决这种潜在异议的问题。

要　点

- 如果异议转入地下，它就具有破坏性。
- 潜在异议会主动地改变、反抗公司目标。
- 潜在异议者越是世故圆滑，你就越难发现他，越难与他抗衡。
- 一个小测试帮助经理们识别潜在异议的根源。

第 9 章 建设适合异议生存的组织

一个组织最重要是通过管理者鼓励异议和创新，同时，组织也能做好一些结构和程序机制上的安排，更大可能地提高人们对异议和创新的容忍和接受。

创新的催生机制

在什么样的条件下才能促成创新呢？除非你在读这本书时心不在焉，否则你肯定知道这是不可能发生的。不过，我们以前已经说过，如果你一意孤行，公然与压制异议和创新的组织流程对抗，那促成异议和创新的行动就更难实施了。结构和流程在鼓励异议和创新的过程中非常关键，它们不会促成创新的产生，但会为创新的产生和软着陆奠定基础。在这一过程中高级管理人员有着特殊的使命。通常只有他们才能对结构或其他方面进行必要的变革，这样创新才会蔚然成风。本章就为高级管理者介绍一些组织变革方法，以便更容易地促进创新。创新管理者可以尝试一下本章提出的一些建议。

这些机制都是对鼓励异议的具体方式进行分组，比方说鼓励人们增强冒险能力，相信你自己不可能始终无误，以及避免出现不能成功实施惩罚措施的情况。

鼓励增强冒险能力

虽然我们知道要创新就要冒风险，然而组织里还是存在一些相当复杂的问题阻碍创新的产生。它们可能像主管皱眉那么微妙，也可能像用彩色复印机都需要请示这么明显。

有时我们的确需要小心谨慎。当我的生命危在旦夕时，我不希望我的医生还在想："还没见效，不过，嘿！还是试试吧！"即便是在并非性命攸关的商界里，关于谁可以支配多少费用、谁可以被调派到什么地方等规定也未尝不好。然而，规则制定者的宗旨是尽量减少整个公司业绩下滑的可能性。而且正如《财富》杂志作家加里·哈默尔指出的那样："你在努力保证企业不走下坡路的时候，就已经设定了企业发展的上限。"① 我们需要找到适当的手段，放弃那些行之有效但缺乏创新意识的方法来承担风险。以下就介绍一些好方法。

培　训

当管理者遇到新问题时，首先想到的就是培训。许多成功企业也的确是这样做的。3M公司的新员工刚进公司时都要与主管共同参加一门培训课程，培训师告诉员工们必须愿意对主管的想法提出挑战。然而，作为一名长期从事此行业的培训师（这在以前说过），我知道培训是发生变革的必要但非充分条件。因为虽然培训可以使你鼓起冒险的勇气，但它本身却不是你持续冒险的动力。

培训的优势在于能够传授新的技能。对于很多人来说冒险都是一种新的尝试，因此培训就是提供一种场所让受训者有机会体验这种冒险经历而不必担心遭到报复。但实际工作的情况却恰恰相反。在实际工作中，当这种冒险挑战的尝试受到打击时，即使是在冒险挑战培训中表现最突出的员工也会放弃（当然，除非他天生就爱唱反调，不过，那他就根本不需要接受这种培训了，对不对?）。所以，培训是很重要，但是我们应该把它看成西班牙语课，听课仅仅是必要的第一步，但是除非你能在实际环境中真正应用这种技能，否则，它就毫无用处。

奖励与认同

解决人力资源问题的第二种方式就是奖励（或激励——应该可以用这个词吧?）员工采取冒险行为。我认为金钱对异议者没有激励作用（补充材料中有更多信息），但你可能奖励异议产生的结果——创新。如今，有许多薪酬方案就是为奖励服务人员而设立的，因为他们都很负责地运用资金、时间

---

① 《财富》（2000年6月12日）第110页加里·哈默尔所写的《重整你的公司》（*Reinvent Your Company*）。说实话，我只是稍稍违背了哈默尔先生的本意，因为他只是针对组织内的资本预算过程来说的，而我却认为如果我将他所说的应用到别处，他也不会反对。

和公司的其他资源。这种想法很不错。但是创新者和服务人员毕竟不大相同。因为人们往往认为创新者使用资源不当，所以就需要不同的报酬体系。但这也不是说要把一大群薪酬专家塞在一个房间里，让他们冥思苦想，一定要讨论出一个新方案，而是要应采用《财富》杂志专栏作家迈克尔·施拉格（Michael Schrage）的建议："让员工自己决定工资在总收益中所占的比例，他们可以交换休假的时间，创新者还可以自己设计激励组合（incentive packages）。"① 这样，激励手段才能吸引创新者，从而让创新者最大限度地发挥自主性。

奖励不应该只是金钱。我们在前面也提到过，惠普公司（Hewlett—Packard）为那些勇于冒险者设立了一个"挑战奖"。另一家公司的总裁（为了保护员工的身份她要求隐匿姓名）则只是简单地用"关注"来表示对成就的认可。她曾要求一名开发出一项杰出创新技术的员工为她和全体员工做公开演讲，当时这名员工正因为某件与该项创新无关的事情与这个公司打官司。因此，她表示，如果这种"捣乱行为"还有一些创新性，她在一定程度上还是愿意容忍的。以前我们也提到过，即便鲁道夫·克里格勒博士（Dr. Rudolph Kriegler）曾经公然违抗上级的命令，拒绝停止一个重大项目，北电（Nortel）还是任命他为北电研究院院士。

对于异议者和创新者来说，最大的奖励之一莫过于能够参与他们的实践团体——也就是与其他同行——一群知识工作者保持联系。它可能是会员制的专业协会，也可能是非正式的团体。调查显示，实践团体是组织获取知识和产生新知识的重要渠道。它们对于热衷于创新的公司，以及对那些"工作忠诚"第一，以及追求同行尊重的异议者和创新者们来说，都有着重要的意义。对创新者比较有效的激励方式就是让他有足够的时间参加协会活动、发表个人作品或做工作演讲。你可能也希望通过调查了解同行对工作的看法，因为创新者和异议者们往往对同行的意见很感兴趣。

虽然这样一个团体未必能给予创新应有的回报（如晋升、上司的表扬或金钱），但他们却能得到一种认同。这是一种在形式和来源上完全不同的回报。

---

① 《财富》杂志第274页，迈克尔·施拉格的《自助式的福利制度？嘿！你应该得到更丰厚的报酬》（*Cafeteria Benefits? Ha! You Deserve a Richer Banquet*）。

对异议者合作的报偿

如何才能得到异议者的合作而继续保持前进呢？能“激励”他们与我们合作吗？当然我们并不是说奖励他们，使他们放弃或保持沉默。那样是不会有利于创新的。那么，金钱可以使他们在达到目标的过程中变得更加温和吗？我并不这样认为。异议者不会因为丰厚的奖励而成为异议者，因此，他们也不会因为相同的原因而放弃。除了这一点，金钱上的激励会让人对他正做的事更加卖力，不是有所改变或不同，而只是做得更多。虽然这对于提高效率来说是非常有用的，但根据《财富》杂志的说法，对于创新者来说，它却是一个“难以想像的没有价值的工具”。最后，抛开这点不谈，钱完全不能起到激励的作用。一些研究金钱重要性的成果表明，对于知识工作者来说，“金钱”只排到了第11位，远在“认同”和“责任”之后。

自主性

创新者非常需要自主性。他们希望创新，但是要按照他们自己的方式由他们来完成。在可能的程度上，你需要让他们任意发挥。但同时你还能保持施令者（deliver）的身份吗？这是可能的。罗莎贝丝·莫斯·康特（Rosabeth Moss Kanter）在《哈佛商业评论》[①] 中提出了一个非常有用的建议。如果你想管理自主性，那么就把进行决策的方法论传授给员工，而不是替他们做决定。我曾经使用的一些技巧[②]包括给员工讲决策的重要性、为什么要设立参数、即使要干预也要先表示赞同，为他们提供方法论，让他们来衡量他们行为的风险程度。如果他们遵循了这些决策方针，那么只要他们依照战略方针他们就可以保持独立性。这里有一条告诫：如果他们依照这些指导做了，你就必须承担这些做法所产生的后果，即使你不会做出同样的决策。然而，这就是什么叫做自主性，是不是？

① 罗莎贝丝·莫斯·康特发表在《哈佛商业评论》（1992年1－2月刊）第7页。

② 弗朗西斯·赫瑞的《管理知识工作者：开启组织知本的新技巧和态度》（*New Skills and Attitudes to Unlock the Intellectual Capital in Your Organization*）（多伦多：John Wiley and Sons，1999）。

机动性

如果你很轻易地就能抛开一个死板的上司或换到一个令人兴奋的项目中去，那么说明你所在的环境的风险性相对友好。安然公司（Enron）是《财富》杂志所调查的令人羡慕的众多公司之一，它在国内拥有一个员工群体。员工可以选择做那些他们感兴趣的项目。事实上，他们的商务网站——安然在线（EnronOnline）就是由一位项目经理从一些为其他经理工作的员工中招兵买马所建立起来的。安然在线拥有350名员工，对这一点甚至连有些高级管理人员都不清楚。在营运的头一年，安然在线就创下了1 000亿美元的佳绩。

不论员工被调派到何处，安然公司都让他们保留他们的头衔。只要曾任过副总就可以永远都是副总，薪酬也是一样。从而，员工更加乐于对现状提出挑战，因为他们不会被降职，也不会在金钱上受到损失。同样，安然公司的业绩评定也是由一个24人的委员会来完成的。按安然公司首席运营官（COO）杰弗里·斯基林（Jeffrey Skilling）的说法，通过这种方式："你的执行效能评定是组织的结论，而不是你的上司，因此你几乎不承担机动性风险。"①

异议者的渠道

只知道一味地鼓励员工对现状提出挑战，而缺乏一种方法提示他们：这种挑战行为有可能受阻，这就会挫败员工的积极性和热情。我曾工作过的一个组织，就有着一整套很完善且被大家所接受的表达异议的方法。这是一个大公司，有着不计其数的地区营运中心，其中许多都拥有比总部还要庞大的预算和员工队伍。战略方针是由总部制定，所以地方营运中心的员工时常会为要不要听从总部高官的指挥而发生冲突。

有一种方式用来解决这种问题，虽然过程听起来有些繁琐，但实际却是既迅速又有效。就拿我来说吧，是总部的一名中层经理。我想让地方上一名和我同级别的人做点事，但他不愿意。所以我们就得在不同的组织结构中分别向我们的上司打报告。首席执行官是我们两个人的共同上司。如果乔和我不能达成同识，我就得要求我的上司和乔的上司谈一谈。如果问题在这一级

---

① 哈默尔，同前引文献。

别上也不能得到解决，那么就得由地方的和总部的再上一级的经理们处理，直到最后被送到首席执行官那里。

这虽然听起来有些官僚，但运作起来确不是这样的。因为它是一种大家十分乐于接受的方法，因此没人会觉得在这个过程中被忽视了。事实上，这个过程中的一个重要部分就是我会告诉乔我的计划会被送到上司那里，因此他就必须为此向他的上司做汇报。另外，这时人的本性也会起作用。在越高层所产生的意见不和就会导致越大的妥协压力。高级经理们都知道如果让一件本可以在低层就解决的事上报到高层，这就会对他们产生很不好的影响。通常情况下，只有那些首要的政策及战略问题才会被上报到最高级别。所以，员工就有了一种组织上认可的表达异议的方式。

你也可以完全跨过等级结构实现另一种渠道，这就如摩托罗拉所做的那样。任何一名员工都可以跨级提出“少数派报告”来阐述不同的观点。但是这样的体制只有当这些报告不会使员工遭受打击报复的情况下才能采用。如果它真的行得通，那么你的确很幸运，能处在这样几个为数不多的组织里。但是如果你不确信你所在的组织能够有这样的组织文化（大多数组织没有），那么你可能应该试试上述所提到的一些虽然在流程上不太通畅但还能被普遍接受的方法。

冒险模式

员工知道重要的不是经理们说什么，而是他们怎么做。你可以劝诫员工去冒险、培训他们，甚至可以奖励他们，但如果你自己不按这个标准去做，那它还是不可能产生任何效果。

沃尔玛的始创人山姆·沃尔顿（Sam Walton）就从沃尔玛的现任首席执行官H·李·斯考特（H. Lee Scott Jr.）的做法中学到一些关于这方面的东西。斯考特是位铁腕经理人，他没有意识到他的员工在他经常不断的最后通牒中饱受摧残。大家都通过山姆·沃尔顿的敞开沟通政策去向他抱怨。通过会议的讨论，斯考特发现，其实只有5%的人应该受到惩罚，而他却把另外95%的工作表现很好的人也都算在内了。并且同样重要的是，在会后，沃尔顿要斯考特与每位与会员工握手，祝贺他们通过使用敞开沟通政策阐明了问题。这就是一个关于奖励冒险精神的很好的故事，并且由于斯考特亲口讲述了这个故事，这也就形成了一种模式，表明他愿意听取批评，即使是关于他自己的。

嘉信理财建立了另一种不同的冒险模式。公司为网上交易服务创立了网上嘉信理财，但却没意识到这种做法实际上是在逼使顾客在传统交易和网上交易之间做抉择。这引起了公司内部矛盾，券商们为争夺顾客而争执不下。终于，在“经历了两难选择，并付出了高昂代价之后，公司合并了网上嘉信理财。公司不得不重新对核心产品进行定价，重新培训员工，并且重整了整套系统”①。其结果是：嘉信理财成为了最佳定位的零售期货公司。这说明当做法不奏效时，公司应敢于承担风险并弥补损失。

表明“你不可能永远都是正确的”

鼓励增强冒险能力是很重要的一个步骤。但是除此之外，想要成为富于创新精神的公司，还需要超越某些公司内部流程，诸如战略计划和其他指挥性命令。虽然这些都是重要的效率工具，但它们却暗示了一种假设，这种假设就是在这里的某个人就知道答案。然而答案可能会来自任何地方，并不只限于那些追求效率而忽视组织创新的组织中。这里有几种方式，通过它们，你可以表示你知道“你不可能永远都是正确的”。

3M 公司的 15% 法则

你知道吗，有 50% 的生物医学产品都是在科学家研究其他产品时偶然制成的？3M 公司对此就深有感触，这就是为什么他们制定出了著名的 15% 法则的原因。达文·加尼翁（Dave Gagnon）是 3M 公司研发部的技术经理，他把这项法则戏称为“开信息化的小差”，意思是说“就是每个员工在不需事先得到批准的情况下，就可以将 15% 的工作时间投入到他们所选择的项目上进行研究”。正是由于这种 15% 法则的实施，肯特·尼尔森博士（Dr. Kent Neilson）才得以研制出“交尾干扰喷雾”——是一种对环境无害的喷雾剂，通过运用微胶囊技术使某类害虫丧失繁殖能力。这项研究结果取得了巨大的成功。

允许员工利用工作时间研究他们自选的项目，通过这一做法公司向员工们发出了这样一种强有力的信息，即并非只有你一个人才具备提出创意的能

① 《财富》（1999 年 11 月 8 日刊），第 85 ~ 87 页，斯图亚特·艾尔索普所写的《吃或被吃》（*Eat or Be Eaten*）。

力。但你需要保证这部分时间不受组织活动的自然干扰。杰夫·尼科尔森（Geoff Nicholson）是研发部的国际副总，他就曾这样对员工说，如果任何人与他们争论如何使用这15%的时间，就这么对他们说："走开！"如果他们继续打扰的话那就来告诉副总。这就是保护创新和异议者的另一种方式。

规划项目并阔步向前

人们需要时间来提出创意，并且迟早，他们也需要资金——去雇佣掌握特殊技术的人、增加新人或制造模型。富于创新的组织都会提供"种子资金"。通用公司就留出一部分资金作为"实验经费"（popcorn stands），它用于进行小范围实验，来评估一个创意的潜在价值。北电网络，光纤光学界的领头人，在不同的组织层次中都设有一笔钱，用于为经理认为有潜质的项目提供资金，并且经理也不用对该项目的结果负责。

著名软件公司Corel是WordPerfect和CorelDRAW的制造者，它有着一个很有趣的流程，用它可以平衡效率和创新。公司的首席执行官德里克·伯尼（Derek Burney）说："我的对手不是微软，而是那些由三两人创立起来的创业公司，他们不动声色地挖走了大部分人才。在他们那里，员工所能得到的是激情和参与，这是大公司无法比拟的。"所以他也试图来创造这种氛围，为创新、独创性、探究和发明建立了一个名为"我"的流程。从名字就可以看出，这个流程意在保证员工能得到自由创造的空间。当一名员工有了一个出色的创意，他就可以申请获得两周的时间去全身心地投入到该创意中去，并可以委派一两名员工为他的项目提供不同的见解和专业性的帮助。在这两周中，他们可以像置身于"虚拟庇护"中一样，专心致志地研究这个创意，而不受其他事情的干扰。当这两周结束时，如果他们仍然认为这个创意有潜质，就可以继续再申请两周来进行研究。这个流程取得了巨大的成功，有些还特地成立了一个风险投资小组来挖掘这些创意。在那里，效率和创新并存。正如该公司人力资源部副总史蒂夫·克内尔（Steve Quesnelle）所说的那样："我们拥有出色的人才，也不缺乏创意。我们所要做的就是在不违反底线的情况下，不断鼓励新创意的产生。"风险投资小组不允许一次开发5个以上的新产品。因为他们不仅需要"虚拟庇护"来提出新创意，并且也需要把精力集中到最具回报潜质的创意上。

内部风险投资人

设立内部风险投资人与建立种子资金一样有用，但它也存在弊端。这种做法是假设存在一个人——不是创新者——他能够确定一个创意是否值得一试。表明你不是永远正确的另一种更有趣的方法就是推翻风险投资人所做的。

硅谷的崛起大部分依赖于风险投资人——那些有钱并敢于承担风险的人。他们所进行的风险投资并无前车之鉴。他们的优势不仅在于他们有钱并富有冒险精神，还在于他们众多的人数。如果他们中的某个人并没看出你创意的闪光点，那你就可以再找其他人试试。这里并不存在全能的投资家。组织同样也在内部采用了这种方法。在3M公司中，如果一项创新不能得到他上司的支持，那创新者可以自由地向其他看到了闪光点的经理兜售他的创意。泰瑞达公司（Teradyne）是为半导体芯片、电话网络和软件提供测试设备的公司，它采用了另一种风险投资人机制。它设立了一个假的创业公司，这个公司不是向某个老板而是向全体董事进行汇报；这个公司有资金但没有预算。这是另一种为创新者提供自由度和自主性的方式，这在正规的管理结构中很难实现。

同僚投资

一些组织进一步将由管理层管理种子资金的做法发扬光大，通过把一笔资金分散到若干员工，由他们来决定某个创意是否值得投资，从而创新者既可以从一个人也可能从多处筹集资金。3M公司的“启动资金”可能算是这种做法的鼻祖了。如果创新者不能从上述的来源筹到资金，他们就可求助这笔资金。由他们的同事们判断管理层是不是错过了一个大好机会。

同样，壳牌公司也创立了一支这样的创新小组，并赋予了他们支配2 000万美元的权力，专门对同僚提交上来的创意进行全新的诠释。每次评估某一创意，决定是否为其提供资金时，他们都会想如果一个完全符合投资人要求的机会被错过了，那公司会为此承担什么样的损失。在壳牌公司1999年的五项发展最快的始创产品中，四项都是经过该小组全新的诠释后产生的。

创意投资的地位

另一项保护创新能力的方法就是把它列入预算。敏迪网络（Mitd）的商业发展部副总杰夫·史密斯（Geoff Smith）就将研发奖金的10%预先留出来，交由一个名为“战略科技”的小组运作——该小组的工作就是去寻找那些虽然如今看似平常但却蕴藏着巨大潜力的创意。

等级结构的改变

最后，还有一条表明你并非永远正确的方法。诺基亚是一家有着135年悠久历史的芬兰公司，在1998年它打败了摩托罗拉成为世界手机行业龙头企业。其首席执行官乔马·奥利拉（Jorma Ollila）的公司治理之道是让公司变成“一个可使你在其中获得一些乐趣、拥有突破常规的想法，并允许你犯错的地方”①。诺基亚的每个小组都可以尽可能地发挥他们的创造力。除了某些共享的系统外，组织内几乎不存在规则。实际上，《财富》发现它是一家“拥有最少等级结构的大公司，从深层意义上讲，是一个让人搞不清谁在主宰的地方”。听着这些离奇吧？一个让人搞不清谁在主宰的地方？那它怎么运作呢？然而对诺基亚来说，它确实就是这么运作的。

虽然这对你来说可能有些要求过高，但这部分中的所有建议都是基于一个共同的假设。加里斯·摩根（Gareth Morgan）在《组织的形象》（*Images of Organization*）② 一书中指出组织经常被看做是一部机器。每个人都扮演一个角色。从世界观的角度看，为了避免相互干扰，界定你我的工作界线就显得尤为重要。重复劳动是坏事，它不利于提升效率。所以组织的目标就是清晰地划分每部分的界线，然后维持它们之间的有序关系。但是，如果从其他角度来看待组织，那就会引发不同看法。如果组织不是一部机器，而更像是人的大脑呢？每个大脑都有两个中枢，它们行使相同的使命。如果其中一个受到了损伤，另一个有时就会替它来完成任务。在这种模式下，冗余是好事，并且也基本上消除了它在其他模式下的所有负面影响。

随着信息时代的发展，我越发觉得组织的运作方式应该像大脑一样，而不是机器。正如Corel、北电网络、3M、诺基亚和壳牌公司所展示的那样，当从把组织当做机器的角度看时，如果事情的自由活跃程度超出了其许可范围，创新才会变得生机盎然。

---

① 《财富》（2000年5月1日刊），第161~174页，贾斯廷·福克斯（Justin Fox）所写的《诺基亚的成功秘诀》（*Nokia's Secret Code*）。

② 佳里斯·摩根，《组织的形象：高级管理人员的模式》（*Images of Organization: The Executive Edition*），（San Francisco: Bereett－Koehler Publishers, Inc.，1998），第2章。

不要惩罚错误

冒险机制不只限于对成功的结果给予奖励，它也包括避免惩罚错误。不仅我们的许多系统都建立了这样的机制，甚至也存在于社会的层面上。比如，在意大利，如果你宣告破产，你就不可能获得个人或商业贷款。失败的阴影将会一直笼罩你以后的人生。在组织中我们也有同样的做法。失败通常会让人们用一种可笑的目光来看待我们。“当然了”，我们肯定经常听他们这样说：“他说这是在冒险，但也许只是因为他做不到罢了。”虽然我们对背地里的讨论无能为力，但我们却可以做点什么来避免惩罚错误。

改变风险假设

经营就如同生活，我们所希望的选择通常是没有风险、不存在不利的方面、有的只是丰厚的、有保障的回报。但希望终归不是现实。没有风险就没有回报。但是我们计划的重点仍然是如何将风险最小化而无限提升回报。这种做法非常合理，非常有效，但不适用于创新。我们需要改变关于创新、甚至是关于成功的假设。

风险投资家假设他们每10项投资中有5项都不会带来分文回报，4项可能会取得中等程度的成功，只有一项会带来50倍至100倍的投资回报。这最后的一项就可以使他们收回这10项的所有成本。很自然，如果可能的话，这些风险投资家们肯定会直奔那项收益最大的投资。但是他们明白一条原则，这是许多组织至今都没能想明白的，它就是：你得去亲许多青蛙才能最终找到王子。直到你亲过他们，你才能知道到底哪个才是王子。把大量的精力花在琢磨一大群青蛙中哪个像王子、计划亲吻战略、筛选被亲吻的青蛙来确保能亲到王子——不错的做法但完全没有用。你要做的只是走过去开始亲吻它们。当然你并不能投资所有项目，但你必须鼓励其他可供选择的方案，即使方案之间会存在相互竞争的关系。虽然可能其他9个都毫无用处，但可能那最后一个就是你要的突破性的创新。

组织应该了解的另外一点就是风险投资家如何投资。他们的投资决定并非会考虑很多风险的因素而是建立在潜在收益的基础上。他们理所应该地认为丰厚回报的背后必定隐藏着巨大的风险和失败。但这并不能成为放弃一项投资的理由。如果假设你的组织也不会把高风险看做是行动的阻碍的话，你能想像那会带来多大的变化吗？

不管怎么说，有一个小地方你的公司确实应该改变，这就是不要再用评价大投资的方法去评价小投资。我曾经见过一个组织，为了一个不起眼的小投资，它也会兴师动众地要求采用全套商业计划，从沟通目标到环境影响，再到顾客支持承诺，这一切就只为了发放几千元的投资。你明白了吧。

快速纠正错误

3M 公司的研发部经理达文·加尼翁明白，很难评价员工所进行的项目是否具有商业价值，所以，应该让他们充分挖掘任何他们正在挖掘的东西。但是又由于只有大约 10% 的创新会获得成功，所以“秘诀就是快速纠正错误”[①]。北电网络的首席执行官约翰·罗斯（John Roth）也同意这样的观点，他说：“如果某个项目预计会失败，与其说晚点取消它还不如早点取消的好。”[②]

你会怎么做？与员工就关键问题进行商议，通过商议你决定这个项目是否有潜力。这一点你应该在员工实施这个创意前就做过了。将你需要的各种结果具体化，并且识别出那些与预期不一致的新创意。这种做法不是太沉闷了就是有局限性，要不就是很难实施。与被替换的成熟技术相比，你很难看出新创意的显著优势。有一个例子很能说明问题：在越南战争时期，美国军队使用电脑设备，但迫于“大豆、子弹、毛毯”的现实问题，不得不都改为手工操作，因为对于战争来说，食物、弹药和装备要远比那些不可靠的技术重要得多。

卓越的失败

如果你曾经参与过我们上述所讲的那种风险评估流程，那你肯定能清楚地区分这两类人：一类在有 20% 成功可能性的项目上失败了；而另一类是把一个十拿九稳的项目搞砸了。我们虽然不经常这样区分这两种现象，但还是让我们来分析一下。一名创新者在项目中投入了全部聪明才智，可他最终却没能得出任何有价值的成果，虽然他和一名只被要求别招顾客厌烦，别毁了

---

① 大卫·布朗（David Brown）《减少员工的懒散行动》（*Cut Employees Some Slack*），《加拿大人力资源报告》（*Canadian HR Reporter*），2000 年 10 月 23 日，第 3 页。

② 拉里·麦克唐纳（Larry MacDonald），《北电网络：创新和远见如何造就了一个网络巨人》（*How Innovation and Vision Created a Network Giant*）（多伦多：John Wiley and Sons，2000），第 164 页。

交易的无能之辈没有什么区别。对于稍大一点或好一些的项目来说，启动这两种人都会冒很大风险。但是这两种人却应该被区别对待。对于那种连十拿九稳的事都会搞砸的人，要么增强他的能力，要么就将他扫地出门。而对于那种创新者来说，则应该交给他另一项高风险、低成功率的项目，使他可以运用到从上次失败所吸取的经验教训。并且给他的奖励也不应该是基于成果，而应该基于他出色的工作表现。

另外，我们所运用的词汇也应该变一变。让我们也学一下嘉信理财的样子，他们使用这样一个词汇“卓越的失败”——比喻一项值得推广而却未能带来现实成果的项目。无需自责的失败的确是件好事——不是不光彩的过失，而是那种我们都想在简历中添上一笔的经验之谈。

概　要

虽然组织想支持创新，但拘泥于组织结构、流程以及程序的种种限制，经常事与愿违。所以我们需要改变它们，应该追随最初的设想，敞开怀抱去迎接那些更具冒险精神、创新精神以及提出异议的行为。然而，对于那些已经在其所在的小组中鼓励了创新和异议的经理来说，这些做法是对他们已有做法的补充而不是替代。相关内容我们会在下一章中进行探讨。

要　点

- 组织中的一些结构和流程压制了异议和创新。
- 为了鼓励员工增强冒险精神，经理们需要对员工进行培训、奖励敢于冒险者；提供自主性、流动性和异议者保持接触；并且他们自己也要亲自运用冒险模式。
- 种子资金既可以通过掌握在经理手中的创新实验经费取得，又可能通过同僚投资的形式获取。
- 不惩罚失败意味着我们要改变对风险的假设，学习快速纠正错误，并且将失败看做是卓越的。

第 10 章 鼓励持续的异议

让员工对某一个问题提出异议或只提出一次异议，这都不能促成创新文化。提出异议必须是一个持续的过程，在这个过程中，员工会变得更乐于对现状提出挑战。经理人必须懂得如何才能促成这种文化。

介　绍

正如我们所看到的，把一种文化转变为另一种更具创新精神的文化，达到这一目标需要做三方面的事。第一，可以在新旧文化交替过程中起到过渡作用的组织基本框架。第二，现有的流程和运作机制的改变，它们目前是支持以效率为惟一目标的组织文化。最后也是最重要的一点，各级经理人积极促使异议产生的能力。这些事只有触及到时才有可能发生。不存在灵丹妙药，让组织的上层一旦拥有它，便可以达到通体顺畅的效果，只有通过组织的每个层次全心全意地共同努力，才能在他们这个小天地里培育出创新文化。

由于高级管理人员和主管都需要在他们的下属中鼓励异议和创新。所以，我在下文中所描述的方法可供各级管理者使用，不分级别的高低。如果高级管理人员能在他们下属的经理们中鼓励异议，这就等于他们鼓励组织中其他人员提出异议一样。因为这些下属的经理们就可能会上行下效，进而鼓励他们团队中的成员提出异议。

本章包括五个要点，教你如何在你的团队中鼓励持续异议。它们分别是：在小组会中最后一个发言的人；找出异议的观点；保护异议者；帮助可能的异议者提出异议；挑战小组的现状。并且，我们同时还会讲到那些半遮半掩的人所害怕的因鼓励异议而造成失控的局面。

最后发言的人

罗纳德·海菲兹（Ronald Heifetz）是一位世界著名的领导力方面的权威人士，同时也是哈佛领导力培养项目的主要负责人。他认为你作为经理会不可避免地阻碍创新。“如果你是上司，你周围的人肯定会老老实实地坐好，等待你的发言。他们会创造一种真空式的沉默，并且让你感觉你得拼命去填满它。所以你需要有一条特别的纪律，那就是别去填补这个真空的状态。”① 作为一名下属，如果你的经理想往左，你就顺从他的旨意往这个方向走，这肯定是一个有助于你升迁的明智举动。作为一名上司，虽然最有助于效率的做法是明确表达你的思想，但是这对于创新却是不适用的。因为只要上司开口，其他选择就几乎没有了可能。并且一旦认可了一个解决方案，就到了创新悄然退场的时候。

你只需做一件简单的事情就能避免出现这样的局面，那就是最后发言。很容易也很显而易见——就是当每个人都说完他们的想法后你再来表达你的意见。但是，虽然它听起来简单明了，但多数经理却发现他们很难做到这一点。因为经理人们都是身先士卒的人，所以他们才能得到提升。当他们发现问题时，他们立即就给予它迎头痛击，把它一举歼灭后，就又会转向下一个目标。如果他们知道解决方案而不立即说出来的话，他们就会备感受挫折。但是想要鼓励异议，你就需要在表白自己之前倾听每个人的意见。甚至是在有人直接问到你“卡门，你的意见是什么”时，你也应该回答：“你知道，我想在拿定主意前先听听其他人的意见。”

但是有两种例外。一种是当团队所使用的资料不正确时，这时你应该像这样明确地指出来：“不，我刚看了竞争情报报告，高通朗讯（CommQual）正在做一个类似的计划。”而不是这样：“因为高通朗讯在推出新产品时总会存在问题，所以我们还有机会先抢占市场。”看出不同了吗？第一种说法是在提供信息，而第二种则是在引导思路。

还有一种，不过使用时应该保守一些。当遇到解决方案显而易见的情况时，你把这层窗户纸捅破就能节省大家很多时间。你可能这样说：“我不敢肯定这是不是有用，但还是请各位考虑一下……”为了强调这只是一个观点，你还可以加上一句，“当然，这还要经过业务部的审核，所以这个方法也许并不可行。”但不要这样说——就好像这就是最终方案。如果你提出这

---

① 威廉姆·C·泰勒，《未来领导者》，《快速企业》杂志（1999年6月），第134页。

个方案得到了团队的认可，那肯定有人会表示认同。如果没得到认可，他们就会自然地转向其他方案，虽然你这时可能觉得有些恼火，但你需要让事情顺其自然地发展。

最后发言并不是说你不需要做最后的总结发言。如果你担心大家可能没意识到这一点，你可以在会议开始时这样说："在我做决定之前，我想让大家自由地表达意见。"只要大家明白了谈话甚至可以自由地涉及一些你不赞同的观点，你就可以准备安静地在一旁倾听了。或者，如果你必须发表意见时，你也可以这么说："是个很有意思的可能。要想使它成为可能，你将如何处理（这一招绝对是异议终结者）……"

虽然你能并且应该参与讨论，但是你应该注意你所说的话，以及你所打破异议气氛的时机。

找到异议

当今许多管理都是在团队内发生的，其目的不是研究新方案就是解决难题。想要出色地完成这两个中的任何一个目标都需要融入一定程度的创新。所以团队就是一个鼓励异议的理想环境。

在前几章中，我列出了压制异议的几种情景，从试图与某人争执使他放弃观点，到讥讽他，再到最后忽视他的存在。不仅经理人会运用这些手段，团队同样也会。团队会自动努力使成员遵照它的准则。否则他们就不能被称之为团队。这种压力具有强大的作用，特别是在聚笼具有相同观点的人方面有着超强的力量。通常，它会带来积极的作用。同行压力会督促你做得更多、更好，在这点上它比领导的告诫更有效。但是虽然强大的凝聚力会使团队更高效，但它同时也会压制"不被接受"的观点，而这些观点有可能就是创新的先行者。

凝聚力发挥作用的方式多种多样。它们会采取安全的方式——类似安全性行为，这些方式只会产生于会议室里。例如，他们倾向于避免冲突。但是，无论是提出新思想还是解决棘手的问题，多数的团队决策必然会包含冲突的成分。如果解决方案不言而喻、简单明了或者不会引发任何人的不快或反感，那可能根本就不需要团队来把它提出来。如果团队不具备一种方式来阐明冲突、公开直接地解决问题，团队则可能会回避提出任何可能让队员尴尬或不利的提议。如果有人提出了一个有威胁性的建议，大家则会出于"人不犯我，我不犯人"的心理，对这个建议采取忽略的态度。通常有风险的建议也不在大家的考虑范围之内。另一种同样对创新构成危险的趋势就是，大家会倾向于采纳人缘好或者特别是可以信任的人的观点。由此，人们都会从提出建议的人而不是建议本身来考虑是否关注某个建议。

如果团队注重的是维系成员之间的可靠、和谐的关系，而不是公开地处理异议，它就会屈服于成员的压力，并且团队的行动也会违背它成立之初的意愿。有一个规模庞大的组织，它委派一个综合小组来对组织的所有职能进行一次全面彻底的评估。组织给这个小组下达的指令就是为实现电子商务，最大限度地将组织工作进行外包，尽可能地精简队伍、节省资源。组织有一个内部的管理咨询团队，为了体现自身价值，并确保它在组织中的地位，这个团队把持了组织流程的协调工作。

正如上面所讨论的，虽然目前这个团队为组织提供宝贵的协调过渡功能，但实际上它的工作都可以轻而易举地通过外包的形式来完成。多恩是这个团队的代表，当他听到公司的这个结论时非常震惊。为了保住同伴们的工作，他采取了感情攻势，他向综合小组的成员申诉，他们一直以来所做的这份工作具有很强的专业性，受这份工作的影响，现在他们很难再找到其他的工作了。听到这样动情的恳求，小组成员惊呆了，一个个都陷入了沉默，他们深感困窘，因为他们现在正面临着一个具体的具有颠覆性的实例，而这正是由于他们的建议所引起的。虽然这个内部管理咨询团队完全符合外包的条件，但除了一个人以外其他所有人都投票选择保留它。

我们可以同情多恩的困境，也可以理解小组为什么选择减轻他的痛苦。但是就因为这个咨询团队有一位口若悬河的代言人，他（虽然是无意的）对小组发动了感情攻势，他们就可以逃避其他团队无法逃避的命运。这个小组犯了最根本的错误：出来保护组织其他成员，使整个流程的公正性受到了质疑。虽然这个决定显得十分人性化，但其中团队动力的效应远多于对公司利益的考虑。

组织内部动力阻止组织变得更具创新力的方式很多，其中大部分压制外部观点的方式都来自于一种类似于“内部”倾向的理念。美国的创始人们也曾面临过这样进退两难的局面。虽然当时多数法规都倾向于自治，但他们知道这里必然会存在隐患，事实证明，其中一个成为后来合法的法令就险些葬身于这股大众化的热潮中。他们不管他们自己民主的信念，毅然选择共和，就因为他们所担心的正是这种“多数人的专治”。

作为一名领导者，你能怎么办呢？当我们做一项决定时，我们一贯都会去数获得的“赞成票”，并且只要当这个数目过半时，我们就会对那些反对者耸耸肩后，接着就进入下一个议题。但是，当问题有争议时，或当遇到关键问题，所有的观点都必须一一阐明时，这种多数人的专治就很可能把你逼上犹豫不决的境地。不过，你可以通过主动找出异议来帮助缓解这种趋势。想做到这点非常简单，也许就是通过一句这样的话“卡罗尔，我注意到你在讨论中没怎么发言。”我们来看一个关于这种做法的例子。

你的公司出版一系列的健康读物，同时，你们公司还销售一些其他的健康产品，并且还经营咨询业务，业务状态很好。这后两类比出版业务盈利高。市场研究显示后两类业务的顾客群都是高收入阶层。如果公司能把出版物登到网站上，那就可以节约一大笔印刷和分销的费用。虽然销售价格下降，但你仍然有利可图。并且这项业务还会成为其他业务的宣传工具。大部分小组成员都认为这个计划不错。在最后决策前的讨论中，卡罗尔没怎么发言。我假设卡罗尔和团队成员还没有到潜在异议的地步，只是对团队预期有些敏感。

你：卡罗尔，我注意到在讨论中你没怎么发言。

卡罗尔：是的，发言也没用，不是吗？

你：是吗？为什么？

卡罗尔：你已经决定了。

你：好吧，也许，不过我想听听你的意见。

卡罗尔：你知道有多少低收入家庭和老年人需要我们的产品？那现在他们怎么得到我们的产品呢？你认为他们可能有电脑上网吗？

你：所以你不赞同我们重新进行市场定位？

卡罗尔：但是那些过去一直支持我们的顾客怎么办？难道要我们对他们说抱歉，因为我们从你们身上榨不出足够的油水，所以请你们自便吧？

你：所以你觉得我们得为他们做点什么？

卡罗尔：对，没错。当我们只经营《健康饮食》（*Healthy Eating*）和《生活》（*Living*）这两项业务时，他们与富人一样购买我们的产品。现在他们仍然需要得到这方面的建议。我们不能就因为从他们身上赚的少就抛弃他们。

你：你有没有什么方法可以实施你的建议？

卡罗尔：我不知道，但肯定有一些方法。

你： 我明白你的意思了。他们是我们的忠实消费者，我们不能就这么撇下他们不管。但是我要找一种方式既能满足他们的需要，又能利用电子网络降低成本。

卡罗尔： 我不知道……我们可不可以让我们的产品进入图书馆，或者其他低收入人群和老年人可以去的地方?

你： 你是说给予这些地方许可，让他们为他们的顾客下载我们的产品?

卡罗尔： 就是这种类似的方式。

你： 噢……可能行。你能不能做一些成本和网络登录方面的调查?

卡罗尔： 没问题。

我打赌你的第一反应就是——太好了，卡罗尔的这个决定被推迟了。你答对了。在这个飞速发展的世界里，这种结论看起来有可能导致相反的结果。但是，你只需把它当做有争议的重大问题对待，并且如果你可能让大家充分理解这个提议，你就需要这样做，因为不甘心的认同或明显的反对就会使项目很难实施。

你注意到了，在对话中你没有立即跳起来说“不对，你完全理解错了……”，而是不断地重复这样的话：“所以你不赞同我们重新进行市场定位?”你用这样的方式来确保你理解了她的论点。并且这是一条表示你在倾听的重要的方式。

另外，在对话中你避免了被有暗示诋毁意义的话激怒，就像这句“我们从你们身上榨不出足够的油水，所以请你们自便吧?”人们总是做不到慎重地选择他们所说的话。虽然她说的话让你很生气，但是如果你也用消极的方式反驳她，那你也就没办法知道她的真正想法了。你的目标应该是抛开愤怒，努力去发现可能隐藏在这些背后的闪光的智慧。

如果卡罗尔在讨论中表现的态度非常激进，你已经知道她的观点无法在最后决定中达成一致。如果获得一致赞同非常重要的话，你也许可以这样说：“你要怎么样才能同意这个决定呢?”但是不需要老采用这样的做法。我每次这样做的时候，都是在谈话已经延长很长时间的时候，真的每次团队都能提出一个更好的方案。当然，一旦卡罗尔提出了她的建议时，其他人肯定还会提出诸如价格、这是不是就最终意味免费赠送杂志等问题——这些都是讨论中很重要的、很实际的方面，但是我们在此省略了这部分内容。虽然最后你不用为迎合卡罗尔的口味而改变决定，但是这种讨论关注的就是当有像卡罗尔这样的人对多数人的意见提出质疑时，团队有没有提出一个更好的解决方案的能力。这就是一个帮助异议者说出异议的例子。

积极的偏差行为（Positive Deviance）

上一部分的内容只是鼓励你找出异议但不是催生异议。所以你可以再把这种理念引申一下，变为催生异议。《拯救孩子》（*Save the Children*）一书的作者杰里·斯特楠（Jerry Sternin）在20世纪90年代曾为越南政府工作，帮助他们与乡村的营养不良的现象作斗争①。在每个村庄里虽然母亲们给孩子们提供的食物都差不多，但总有一些孩子比别的孩子健康。当他对健康孩子的母亲们进行考察的时候，他发现是“积极的偏差行为”从中起了重要的作用。其中一方面就是这些母亲用其他人认为是低档次或不可接受的食物——如水稻田中的小虾或小螃蟹——给孩子们提供必要的蛋白质。

同样，我们也在组织中看到这样的现象——比其他人更有容忍度的异议者们。只要你不厌恶或不那么厌恶你所处的组织文化，你可能就已经观察你公司中的异议者们有一阵子了，想弄明白是什么样的力量推动他们变成异议者，并且你可能也已经认识到那些异议者所做的努力。通过这种方法来减少你压制异议、并最终会无意间导致压制创新的可能性。

失控的争执

通常，由于经理们害怕会失去控制权，所以他们唯恐让异议失控。并且这一点在会议中体现得尤为突出。一个完全放任自流的会议所带来的结果就是人身攻击、精心培育的同事关系毁于一旦、会议最终一无所获——这就如同每个人的噩梦一样。如果结果真是这样，那经理们对异议的恐惧也就不足

① 《快速增长公司》杂志（2000年12月刊），第184~192页，大卫·多赛（David Dorsey），所写的《积极的越轨行为》（*Positive Deviant*）。

为奇了，但是，事情却未必会是这样。

一场失控的争执可能会引发三种结果：大家跑题了；一位异议者/捣乱分子不断向大家兜售已经过时的创意；或者谈话已经变成了人身攻击。如果你主持一个会议——或者即使你只是名与会者，那些问题都可以通过直截了当的方式解决。

如果大家跑题了，你就可以试试这样说：

“我们看起来有些跑题了，我们应该讨论的是第三个问题。”

“我知道这点很重要，但我不敢肯定我们现在就能解决这个问题。比尔和安德鲁可不可以会后再讨论这个问题？”

“这个会议原本计划5:00完，但现在我们还有两个大问题没讨论，我们是愿意延长时间，比如说，到6:00或7:00，还是我们继续往下进行？”

“我知道技术方面的问题很重要，但是我们应该在讨论完是否要加生产线之后再来讨论技术实施方面的问题。如果没必要加生产线的话，那我们根本就不用讨论技术问题了。”

如果一名异议者继续兜售他的观点，你可以试着这样回答他：

“这点你已经说过了，埃德，除了你已经提过的这点以外，你还有没有其他没说过的建议？”

“你觉得大家没有理解你的观点，对吧？如果你是这样认为的，那就请你用一种新的方式来阐述这个观点。”

“我觉得我已经完全理解了你所说的，我能重复一遍来确保我理解的是正确的吗？（重复一遍之后），是这样的吗？好了，我想我们都理解了。”

“我认为大家明白了你的观点，但他们有不同的意见，但我不能肯定是不是让他们重复一下他们所听到的会有帮助。”

如果谈话变成了人身攻击，你可以试试下面的话：

“我们能不能把我们的评论限制在大家所说的话上？让我们做到只针对事不针对人。”

“我觉得现在的局面非常令人不舒服，我们为什么不休息一刻钟呢？比尔、安德鲁——我们试着让谈话重新回到正常的议题上，好吗？”

“我不认为直呼其名就能解决什么问题。我们为什么不重新称呼别人的职位呢?”

“我觉得我们都显得太激动了。或许我们应该放慢点速度。比尔，你能告诉我安德鲁的主要反对意见是什么吗？并且安德鲁，我也要问你同样的问题。”

即使当异议者缺乏个人技巧，他没发觉他的观点在会上没得到大家的支持，这也不意味着你的会议没有成效。因为，当他一旦又开始长篇大论地讲他的道理时，你可能阻止他，并且这个会议还能帮你确认一点，即大家反对他是因为他提出的话题让人不舒服。

团队之间会相互诋毁，这是很自然的事。你们可能会一直地大喊大叫、直呼对方的姓名，但这些都是感情自然的表露。即使如果相互之间谁也不服谁，这也是可以接受的。不过，即便你可能完全容忍这种失控的局面，你也应该考虑文化差异的问题。所以，你需要确保每个人都能参与讨论。如果情况不是这样，那你可能就得想些办法缓和气氛、鼓励所有的人参与讨论。

培养忠诚的反对派（Loyal Opposition）

在英国的议会制下，非执政党的官方称谓是“女王的忠诚反对党”。我喜欢这种叫法，因为它反映了民主的本质——你可以同时拥有忠诚和反对：我们赞同自由的基本宗旨，但对于如何实现自由，我们有着不同的观点。

如果组织能好好考虑一下如何把这一原则运用到它的运作中去，那它一定会做得更好。可能培育出一个“忠诚的反对派”——一个团队，他们不是用赞同来表达他们的忠诚，而是用反对？如果我们能创造一种珍视反对派的文化，我们孕育异议和创新的能力就一定会得到突飞猛进的增长。

保护异议者

我知道有时你总感觉你应该保护自己免受异议者的伤害，而不是你去保护他们。他们很难相处，特别是当他们对团队的行动提出异议的时候。所以，团队成员对异议者会采取忽视、沉默以及排斥的方式，强迫他们遵循规则。事实上，你的角色就是保护异议者免于受到这些行为的攻击，只有这样他才能继续说一些没人愿意谈论的话。让我们接着用上一个关于外包和电子商务的例子来阐述这个问题。比如你正好主持这个会议，大家投票表决决定保留多恩的这个管理咨询团队。艾丽丝是惟一的一名异议者。让我们看看事情会如何进展（注意：不同于其他对话，在这个对话中，除了你和艾丽丝还将包括其他人）。

你：好了，所以多数人想在公司里保留多恩的团队。

艾丽丝：等一下——这不符合规定。多恩的团队符合所有外包条件。如果不实施外包，我们怎么把这些规定再用在其他团队身上?

布拉德：得了，艾丽丝，多恩说得没错。他们的团队在协调过渡方面做出了很大贡献。

艾丽丝：这是没错。所以出于感激，我们就可以忽视我们现在所用的准则?

鲍勃：不是这样的——我肯定他们在以后甚至可以发挥更大的作用。

艾丽丝：我同意——但是我们实施外包的其他团队就不是这样吗?

布拉德：好吧，也许——但这是个特例。

艾丽丝：从哪方面讲它应该是特例?

布拉德：因为……因为……

艾丽丝：因为是多恩才让它成为特例。

鲍勃：嘿，艾丽丝，你有点太针对个人了。

艾丽丝：针对个人?但是你是这么做的，不是吗?

布拉德：那又怎么样?他说得很有道理。

艾丽丝：哪部分有道理?是说他的团体做出的很大贡献，所以我应该把他们从准则中赦免出去吗?

鲍勃：老兄，你怎么这么铁石心肠?难道你丝毫不顾及忠诚和情义吗?

你：等等，鲍勃，艾丽丝说什么了会让你有这种想法?

鲍勃：多恩说得没错。他的团体曾立下过汗马功劳，如果我们不认可这个事实，不让他们留在公司的话，那就说明我们存在一些问题。

艾丽丝：但是如果我们想放弃准则时就放弃，那准则提出来还有什么意义？

鲍勃：你就不能把它看做一个特例？

你：你知道，鲍勃，你已经说过这点了，但是我不确定我怎么才能将它看做特例，你能解释一下吗？

艾丽丝：就是的，鲍勃，你说呀。

你：行了，艾丽丝，让我们听听鲍勃是怎么说的。

鲍勃：就因为他立过汗马功劳。

艾丽丝：难道别人就没立过？

鲍勃：这不是重点！

你：鲍勃，那什么才是重点？

鲍勃：……我只是觉得如果我们对出色的工作不认同也不奖励的话，我们就太铁石心肠了。

苏：我明白了。但是鲍勃，你知道吗，这个整体项目并不是要奖励出色工作。它是公司整个发展方向的转变。你做的工作可能是全世界最出色的，但如果不符合以后发展的需要，那也不能例外。

鲍勃：我知道，但是……

你：但是？

鲍勃：我不知道——这看起来太残酷了，就这些。

艾丽丝：是的，并且如果我们做了另一种决定，这同样残酷。我认为对一个团队采用一种准则，而别的团队则采用另一种，这是不公平的。

鲍勃：我明白你的意思了——我不用非得喜欢，但我明白了。

你：好了，还有其他意见吗？

这个讨论我们就看到这里。其他人可能还会继续争论保留多恩的团队，或者这个讨论已经让他们改变了想法。但对于我们的目的来说，重要的不是最终结果，而是确定异议者没有被团队本身的力量压制。经理人在保护异议者，使其避免被其他成员孤立方面扮演着非常重要的角色。

你注意到了在对话中你不用总采取一个姿态（最后发言，还记得吧），而是可以对其他人提出质疑，请他把他的想法说得更明确些（“但是我不确定我怎么做它才能看做特例，你能解释一下吗？”）。不要让团队陷入对艾丽丝的指责中而忽略了真正的要点（比如："你们难道要改变准则吗?"）。

异议者轻而易举就能引火上身（如："因为是多恩才让它成为特例。"），激起大家对她的攻击，所以保护异议者可没这么容易。人们支持某个建议往往不是出于建议本身，而是它被表达出来的方式。所以，你通过使大家跳过这样令人不愉快的表达方式，而去挖掘它的潜在意义来帮助人们认识创新的思想。

不过，保护异议者并不是说要由你来接替异议者进行战斗。我的做法是，除非当团队成员开始攻击他（"难道你丝毫不顾及忠诚和情义吗?"）或联合起来准备对付他，否则我都会让争执继续。同样，当你保护异议者的时候，你也不应该让异议者借助你的掩护去偷袭别人（"是的，鲍勃，你说呀。"）。

你保护异议者的用意在于阻止团队压制不被接受的观点。如果你可能帮助团队让注意力放在艾丽丝所要表达的真正意思上，其他人可能就会参与讨论并从中领悟到她的真正意图。

帮助可能的异议者直言不讳

有些人天生就勇于谏言，而有些则需要更多的鼓励。不知出于什么原因，他们总是不能直言不讳，或者可能是受文化背景的熏染，使他们认为对权威提出质疑是对同事不礼貌的行为。当时机恰当的时候，你应该鼓励他们直言不讳、坦诚相对。

朱琳是名不错的员工。虽然她在会上总是很少发言，但她对新产品的检验工作却充满热情。以前她一直都是你的直接下属，直到最近，由于团队逐渐壮大，你新增设了一名经理来替你分担部分事务，朱琳才改为在他手下工作。一天下午，朱琳来到你的办公室。

你：嗨，朱琳！近来好吗?

朱琳：还不错，谢谢！你现在忙吗?

你：不忙，请进。与弗兰克工作感觉怎么样?

朱琳：他精力充沛，有许多新创意。

你：太好了，这样不错，是吧?

朱琳：是……

你：可是？

朱琳：没，没事……

你：没事？

朱琳：有些事做得不对。

你：什么事不对？

朱琳：我本不该来……

你：这有什么不对吗？

朱琳：你不会告诉弗兰克吧？

你：不会，除非我们都同意告诉他。

朱琳：我正在对新版 MiroMax 做测试。

你：是呀……可是……

朱琳：好吧，弗兰克让我的测试工作在一半就停了下来。

你：为什么？

朱琳：他想快点完工。他说我们可以在下一版中再修补这些漏洞。

你：不过有许多软件都这么做。

朱琳：但我们不这样。我们的新版软件是为了增强产品性能，不是为了打补丁用的。

你：的确，这是我们的一贯作风。

朱琳：所以，你能和弗兰克谈谈吗？

你：你与他谈过这事吗？

朱琳：噢，没有，我不能谈！

你：为什么不能？

朱琳：他是我的上司。这样做不对。

你：为什么不对？

朱琳：事情就是不能这样处理。

你：但是你来找我谈了。

朱琳：上司纠正员工的错误，这种做法是妥当的。所以你应该找弗兰克谈。

你：我理解你觉得如果你来谈会很别扭，但是，朱琳，你这样做就是在营造一种气氛，使我们不能坦诚相待地看待彼此的问题。

朱琳：但是如果你来做，这就没问题了。

你：但是如果我来做，这就意味着你和弗兰克不能坦诚相待。

朱琳：我所处的地位不能……

你：我觉得我不能认同你的观点。我认为每个人都有坦率地提出异议的责任。你怕他吗？

朱琳：不怕。但是这样做不礼貌。

你：对，这就是问题的所在。

朱琳：但是如果你……

你：朱琳，我愿意培训你如何对弗兰克提出质疑，或者协助你们进行一次谈话，再或者为你从外面请一位培训师。

朱琳：你和弗兰克谈谈不就得了，这样不更简单吗？

你：对，这样是更简单，但如果下次再有这样的事发生，你怎么办呢？

朱琳：我还来找你。

你：要是这样的话，我们就形成了一种我所说的氛围——我们会感觉我们不能直接提出我们对工作的看法。

朱琳：我不知道，我不知道我能不能做到。

你：我想你就是还不习惯这样做。但是这是一项很重要的技能。让我们先来想想其他的方法。

朱琳：好吧，我会考虑其他的方法。

你：明天来找我，咱们再谈谈这件事好吗？

朱琳：好吧。但是你不会和弗兰克说吧？

你：不会，除非我们对我要和他说的话都达成一致了，我才会说。

显然，你没有按朱琳希望的方式来解决这个问题，即使对她来说，找你来阐明这件事已经算是勇气之举了。但从长远来看，对于那些需要学会自己解决问题的人来说，替他们解决问题的做法对他们是没有好处的。如同其他事情一样，如果你不实践，你就不可能掌握其中的技巧。

除此之外，如果一名员工害怕异议所带来的负面影响，这同时也阻止了由异议所带来的积极结果。因为朱琳不愿意表明她的看法，所以弗兰克就不可能知道朱琳对这项决定不满，朱琳甚至都没有给他修改决定或者解释的机会。而她喜欢这位长者，因为他每到“夜幕降临”的时候，都会在她的“小屋”旁边撒满“金砂”使老虎只能敬而远之。夜复一夜，他一直这样做，当然，肯定没有“老虎”靠近她的“小屋”。他也十分确信他变卖所有家产买的这些金砂可以让“老虎”远离“小屋”。但是他不敢冒险，如果他不这么做，他不敢确定“老虎”是否仍然不会靠近。

你不应该完全排除由你去和弗兰克谈这件事的可能性。这也许是过渡时期可以接受的做法。因为，如果事情很紧急或关系重大，那处理这件事当然要优先于培训朱琳处理事情的技能。

我认为朱琳可能会回避接下来的谈话，或者她会重新提出她认为妥当的方法——你与弗兰克谈。所以你可能还得重复你和她说过的那些话。不过，这也不该是个问题。因为本来改变对什么是妥当的、什么是不妥当的看法就不是件容易的事，并且你本来也应该让她——在可能的情况下——按照自己接受程度的快慢来实现这个转变的目标。

当不同的文化理念相遇时，无论是在社会还是公司的层面，不同的处理事情的方法总会相互碰撞，正如我们所举的例子中所显示的那样。为了解决这个问题，我们总是会假设其他人的思维方式应该向我们靠拢。并且我们还会强化这种观点，就因为我们是当权者——不论是公司中的老板还是一个国家的主导文化。但是，假设占主导地位的人或国家所规定的规则或办事方法是正确的，这种想法本身就有悖于创新。自满的人不会是一个很好的创新者。所以，当你要求别人违反他们的文化背景做事时，你先问问自己，你对最佳做事方法的假设是否正确。比如，一般自由随意的谈话是一个好的会议的标志，会议中，每个人可以随意地抒发自己的想法。但是，在另一些文化中，这种方式却会被认为是粗鲁无礼的，所以有些人虽然有好的想法，但他们也不会贸然地把想法说出来。加强团队技能培训可能是一种解决方法，但是还有其他的方法，比如偶尔要求大家轮流发表一下自己的观点、要求他们把想法写下来或者用图表的方式把自己对其他人的看法列出来。时常使用这些技巧就会挖掘出一些隐藏着的资源。

但是，我并非建议你完全改变你的工作作风，或一下子就全部接受这些观点。但是，通过改变你探求团队中不同观点的方式，就会增加你获得连续异议的可能性。

质疑组织现状

鼓励异议的一条最难也是最有价值的方法就是对你的团队提出异议，不光是要求你的团队运用创新的方法来解决问题，还应该包括持续不断地改善他们解决问题的方式。

让我们再回到艾丽丝的那个例子——团队中对外包决定提出质疑的孤独的异议者。在上个对话中，你保护她免受其他队员的攻击。但是，为了让团队能很好地处理异议，他们需要掌握你所掌握的技能。如果你要求团队考虑一下这个议题，会出现什么样的局面呢？我们再一次展开一个不止两个人的谈话。

你：还有其他要讨论的议题吗？如果没有的话，我倒是有一个议程以外的话题。

［停顿］你回忆起上周艾丽丝所说的，我们在无意之中为多恩的团队制定了一套标准，而其他人用的却是另一套标准。

琳达：是呀，但是这个问题我们已经说过了。

你：没错，我们是说过了。可是它让我想到要怎样才能使我们像一个团体一样工作呢？

琳达：这话什么意思？

你：我们都很苦恼。多恩在这屋里让我们觉得很尴尬。

多恩：嘿——我要不要离开？

艾丽丝：对了，还有我，要不然我也走？

你：不，我觉得你们俩都能在这儿是件好事。我不是在谈这件特殊的事或试图分析它，但它却让我想了许多。

艾丽丝：想什么了？

你：好吧，艾丽斯，我认为当你说出你的想法时每个人都会感到相当不舒服。

艾丽丝：你说得完全正确。

你：你认为这是怎么回事呢？

艾丽丝：因为他们不面对事实。

琳达：艾丽丝，你这么说不公平。我认为在这种情况下，我们每个人都很好。

艾丽丝：但做出的决定是愚蠢的。

你：好了，别吵了。我不想对决定本身老调重弹。我想谈的是我们现在所处的状态。琳达，你刚才说我们每个人做得都很好。

琳达：对呀，没错。你认为我们做得不好吗？

你：不，当然不是。但是反思一下，艾丽丝的做法难道没有道理吗？

琳达：是呀，有。我在会后想了一下，我觉得我们做得都有点过火。

你：所以，从某种角度看，我们应该庆幸艾丽丝愿意坦率地说出想法。

多恩：我可不这么认为。

你：不这么认为吗，多恩？为什么？

多恩：那当然，现在我们团体的工作将被外包出去。如果不是她，我们现在就不会这样。

你：这个决定有错吗？

多恩：没有，我想没错——如果我们想对每个人都使用同样的标准，这样做没错。

你：所以看起来艾丽丝为我们提出了一个值得我们讨论的问题。但是你们知道我为什么觉得它很有意思——并且我认为它会发生在我们每个人身上——我觉得有意思的就是我们使艾丽丝更难说出她的想法。

琳达：这是什么意思？

你：我记得你们指责她铁石心肠。

多恩：那只是处于当时的情况下，大家都很冲动。我不认为每个人另有所指。

你：对，我能看出来。但是虽然我们想考虑所有的观点，那为什么在某个例子上，我们实际上并不想这么做。

琳达：你是不是有点太小题大做了？这只是小事一桩。它再也不会发生了。

你：正如我说过的，我对重复这件特殊事情不感兴趣，我只关心我们现在所处的状况。

琳达：也正如我说过的，这是小事一桩。

你：我不这么看。

多恩：那你对发生的事怎么看？

你：或许我们在倾听与我们看法不同的观点方面存在问题。我们都了解了多恩的观点，并且愿意对此做出响应。所以我们就不愿意再听艾丽丝说的话。

琳达：可能你有道理。但我觉得老谈这个问题烦透了。

你：这是当然，但到目前为止，它仍然很重要。有没有什么办法让我们可以改变这种做事的方法，使我们每个人都更轻松地提出异议，不只是艾丽丝，而是对任何的人，更轻松地提出一个很重要但却很敏感的话题?

琳达：唔……当这类事情发生时，我们可以更留意一点。

你：很对，不错的想法。但是当提出这样的话题时，我们会感觉十分厌烦。所以有没有什么方法可以提醒我们不要厌烦，要倾听?

多恩：那你为什么不提醒我们呢?

你：如果每个人愿意的话，我可以这么做。或许艾利丝也可以。

艾利丝：没门——在这方面你做得比我好。

你：好吧，如果大家都同意——不过我要先让你们大家保证到时候别冲我发火，可以吗?

琳达：没问题。

因为团队和团队不同，所以与这个谈话相比，发生在你的团队中的谈话可能会更难或更简单。但是有一点是相同的，那就是当你引出这样一个话题时你所遇到的阻力，多数团队都会极力阻止你仔细地剖析他们的问题。虽然很难，但要点只有一个，那就是要求大家开诚布公，探究那些影响他们行为的、隐藏在他们心中的疑虑。这样的讨论可以帮助团队认识到，虽然想避免冲突和不愿伤害别人感情的愿望是可以理解的，但这种做法却会导致错误的决定。

在谈话开始阶段，有一个问题是关于艾丽丝和多恩是不是应该留下。让他们留下，这很重要。当着他们的面讨论他们的问题是可以避免引发负面感觉的另一种方法——他们的或者我们自己的负面感觉——但是我们也不能为了避免产生痛苦就以牺牲效用为代价。如果主要的当事人不在场，则会增加讨论这个问题的难度。

并且不要以为经过这场激战，艾丽丝就会变得对团队的热点话题敏感起来。艾丽丝还会是艾丽丝——这就是她的可贵之处。如果你认为艾丽丝确实需要收敛一点，否则她就会让别人觉得与她很难相处，那你就可以用“培训异议者”那章中提到过的窍门对她进行培训。

你可能担心大家通过艾丽丝的例子会觉得你看起来对她有些偏心——有点袒护她的意思。为了避免让大家产生这样的观点，你可以提示他们，他们每个人都有可能处在艾丽丝的位置上。另外，你可能注意到了在对话中当谈论问题时，你经常使用“我们”这个词。虽然这可能有点扭曲事实，但是却可以让他们明白你是把自己看做提出解决方案的一分子。

最后，不要只得出一个模糊的结论——诸如：让我们努力去做得更好。虽然我确信这样的意图是好的，但除非有一种具体的做法，否则大家往往就会忘记该去这么做。指派一名正式的“提醒者”是个不错的做法。

最重要的一点就是保持你自己的质询精神，并且鼓励别人的质询精神。异议指的就是提出问题，即使是那些令人不愉快的问题也要把它提出事，这样才能好好分析它们。开始时，大家会认为它是一种指责别人的行为，并且还不加掩饰，但是如果你坚持这种质询精神，大家就会开始明白，只有这样才能真正地帮助团队做到容忍甚至欢迎异议。

还有一点是毋庸置疑的，那就是你不想对每件事都太较真。如果真是这样，那你肯定什么事都做不成。但是有一个首要原则：如果一个问题出现了不止一两次，那就说明这里面肯定有文章。在这个问题背后必然隐藏着什么真正的原因，是它使这样的问题重复出现。

概　要

通过保护异议者免受同行压力的方式，你可以做到鼓励持续的异议。并且，还可以通过其他方式来达到这个目的，比如帮助大家坦率地说出想法、要求团队质询他们的做事方法等。但是这些都必须在他们有了一个真正的质询精神时才能做到——一种真正的愿望想阐明而不是隐藏问题，想解决问题而不是敷衍了事。

如果你在这方面做了很多的努力，你就会发现你的团队不仅可以更轻松地容忍异议，而且他们还开始尊重那些异议者，他们甚至可能会渴望提出异议。当他们开始把寻求异议看做是创新过程中的一个必要环节时，你就达到目的了。但是，即使你这样做了，团队中还是会有一些人并不把组织的利益放在心上，他们只想利用这样一个公开表白的机会来达到个人目的。有时你也应该做到适可而止，下一章就会帮你处理那些组织无需或不应该再容忍下去的异议者。

要 点

- 为了创造创新文化，你需要积极主动地促成异议。
- 你需要找到你团队中的异议者。
- 你需要保护异议免受攻击。
- 你可以帮助可能的异议者，让他们说出他们的想法。
- 你可以对你的团队解决问题的方式提出质疑，并帮助他们改进。

第 11 章 不要让异议走得太远

通常很难知道对异议应该鼓励到什么程度，而对于什么时候异议者的行为超出了对组织有利的界线，这一点就更难把握。本章就帮助经理们识别那些超出组织容忍限度的异议以及异议者和处理这种情景的方法。

管理的软硬面

一些经理认为人是管理中“软”的一面，财务、运作都属于管理的“硬”件。你工作的大部分内容都是激励与领导，如果把它们称之为“软”的一面，那岂不是说在人的管理中不存在“硬”的一面。但事实上，这里肯定存在也应该存在“硬”的一面。如果你在该严厉的时候不严厉，你的努力就等于零。我们都曾为那种“老好人”式的经理工作过，他为人很好，但就是不能解决员工间存在的问题。为此我们都深受其害，这是怎么造成的呢，因为这些经理只会来“软的”，不会来“硬的”。

当软的一面不够用的时候——当你已经做了所有你能做的事，如培训、辅导、咨询以及激励，这时硬的一面就该上场了。当每一个积极正面的方法都徒劳无功时，你就需要想想该用硬的一面了。并且最难的决定莫过于解聘一个人。

你怎么才能知道什么时候该解聘异议者

让我们举个例子，比如说玛丽成为你团队中的“眼中钉”已经很长时间了。你怎么才能知道什么时候该适可而止呢？显然，她是个捣乱分子。但是我们曾讨论过用一些技巧去分辨哪些是难相处、令人厌烦但却有价值的人，而哪些又是会起破坏性作用的人。但不幸的是，他们看起来都差不多。

所以首先就是问你自己“他有创新性的思想吗?”虽然你不用赞同他们的观点，不必喜欢他们的为人，甚至可以讨厌他们，但是他们是不是不同于主流呢？如果回答是肯定的，那你还会将这个有创造能力的“孩子”同有些“浑浊”的水一同倒掉吗？但是即使当答案是肯定时，你可能仍然需要终止这样的局面。以下就是一些可以这么做的情况。

潜在异议者。一名潜在异议者会不断地消极对待你所做的努力。有些人的背景和经验使他们不可能对公开、诚实的做法做出响应。他们对人性充满怀疑，他们认为只有耍花招、用计谋才是生存的惟一方式。在工作中，你不可能帮助这类员工解决他们的问题，使他们按你需要的样子变成一名高效率的员工。

出口伤人的异议者。为了追求创新文化，我曾要求你容忍异议者的种种恶劣行为——无礼、暴躁、爱发脾气，甚至有时有些孩子气的行为。然而，这些并非没有限度。很自然，任何行为同心理活动一样，它们不可能完全不受限制。脾气失控、威胁以及报复行为——所有这些都会导致一种不愉快的、不健康的工作环境。所以，虽然我支持对异议者要多一些容忍，但是这种容忍度不应该以牺牲其他员工为代价。如果异议者创造了一种紧张、不利于效率的工作氛围，你就有责任阻止他。

藐视别人的异议者。我曾经有一位雇员，她工作比别人完成得都出色。然而，她也一直藐视别人。在会上，她提建议时使用的声调和语言总是暗示她的同事们都太笨，根本不顾及他们的想法。大家害怕受到她的攻击，所以都不吭声。甚至在我与她谈了几次之后，仍不见她的作风有所改过。所以，虽然我赏识她的工作，但我还是把她解聘了。

总的来说，如果异议者的所作所为有违于效率或他周围人的创造力，你就需要考虑是否要解聘这名异议者。一个藐视别人的异议者最容易导致这样的结果，但是出口伤人的异议者乱发脾气时所造成的紧张、恐惧气氛，或者潜在异议者所引起的流言蜚语、鬼鬼祟祟的氛围，同样会招致这样的后果。如果你不将这些类型的异议者扫地出门，最后的结果是，你们团队既定的目标肯定达不到，还缺乏创新力。

当这些异议者不能或者不改变他们的行为时，你同样需要采取措施。虽然明知异议者有能力改变，但他们就是不愿意改变，这时你会感到更沮丧，不过结果都是一样的。为了使组织更好地运作，可以提高对他们的容忍度，可是他所表现的行为已经越出了组织的容忍界限。他们这样做的动机并不重要，重要的是你必须采取行动。

一种可供选择的暂时性的解决办法就是在你和这些麻烦型员工之间增设一个主管。与直接开除他相比，这种方法使你既能保留有创新力的员工，又可以减少痛苦。有时，这种做法很有效。有时这种员工没能领悟要点，但主管多花些时间就可以帮他解决问题。并且如果问题存在的根源是这种员工性格上的缺点（顺便提一句，我认为这种情况很少），你也可以用这种方法来解决。但是从总体上说，我觉得这是一种同化的做法。除非你任命的这名主管有着比你还强的员工管理技能，否则他也不可能成功。并且如果他没成功，你所做的也就是眼不见心不烦。所以还是忍痛割爱的好。如果你认为他无药可救了，那就及早了断；不要犹豫不决，用一些诸如换个经理这种暂时性的办法。

让法律和人力资源部门参与

假设玛丽很长时间在工作表现方面都存在问题。人力资源专家帮助过她，你也给过她培训，让她知道你对她的期望值，让她参加合适的培训及咨询课程，试着调整她的工作职责，等等，但是没有一个有成效或算得上成功。你为她设立的表现预期值是她能够与同事和你和睦地共同工作，可她没能达到这些要求。因为她不能达到工作预期，所以下一步就是解聘她。

通常，你所在组织的规模大小会决定解聘的流程和政策。在大一点儿的公司里，基本上会由法律和人力资源部门来处理这些事情。在小一点儿的公司里，可能就会由你来办理这些事。两者都存在弊端。如果你对你要处理的这件事不是完全明白，在你解聘了某个人之后，可能会引发许多潜在问题，所以你可能会因此经历一个艰难的过程。错误的解聘命令屡见不鲜。所以，另一方面，如果可以有人控制这一流程，也会带来许多有利之处。

但是，法律和人力资源部门出于害怕动用法律手段的考虑，所以解聘员工时所采用的流程会非常严格、冷酷、完全从法律角度出发，丝毫没有人性化的一面。有些经理告诉我，他们被要求当着被解聘的员工，按照一份写好的文件念解聘理由、拒绝回答问题、念完之后立即离开房间。甚至都不赞同他们对这名员工说声再见或是感谢他多年为公司效力，法律和人事部门是非常惧怕他们所说的话会被用作起诉的证据的。

我知道一些员工以公司的利益为重，但是据我的观察，如果把一名感到气愤、不满、认为自己感情被伤害了的员工当做患有埃伯拉出血热的病人一样对待，这种做法只能增加而不会减少他上诉的可能性。我的经验是，即使是用非常礼貌的方式对待一位非常气愤的员工，他也会喋喋不休地再找上门来与你理论，如果告别还不愉快的话，就肯定不会放过你。

但是我也不是说你就不需要法律和人力资源部门的帮助，相反，你确实需要。你需要知道你可能承担的风险，以及如何处理它们。但是请记住，解聘和结婚一样，都不是简单的法律关系——它们都是为了一个共同的目标、一种合作的关系和有关勇气和态度等等。我理解这名员工可能对这些方面中的某一个或大部分都感到失望，但是不能忽略这样的事实，当你终止了这份工作，你同时也终止了其他方面。所以虽然要保护公司的利益，但你也需要对这些部门给予一定的关注。

举报人——潜在的和实际的

有时，我们害怕不满的员工有可能会成为举报人。美国“政府责任项目”（The U. S. Government Accountability Project）对举报人定义为“揭露信息的人，一名员工有证据表示公司有非法、浪费资源、违规经营、滥用权力或者对公共健康或安全造成大量的或者某个具体的威胁的行为[①]。”

有许多关于揭发者的电影，如《丝克伍事件》（*Karen Silkwood*）和《永不妥协》（*Erin Brockovich*），因为我们敬佩这些人的胆识和他们为我们所做的事。作为一个公民和一个消费者，当揭发者指出一个危险或者危急的情况时，我们支持他们。但是有时，揭发者眼中的危险或者危急的情况在其他人看来却是好的管理方法。近年来，加拿大政府为保护鱼类，正在考虑是否应该停止在大西洋的捕捞活动。加拿大东海岸线不仅是加拿大最贫穷的一个地区，并且那里的大部分收入来自渔业。停止捕捞会引发重大的经济和社会问题。加拿大政府推迟了宣布停止捕捞的规定。但做这方面研究的海洋水产部的科学家们对此却十分不满，他们在媒体上发表了他们的抗议。

姑且不论这个案例的是非曲直，这种行为就是所有组织都惧怕——对正义的不同观点。组织中的一部分或者一个人强烈地甚至是热情高涨地认为他的观点是正确的，但他们没把其他因素也看得同等重要——在这个例子中，就是对失业和这一地区社会结构的影响——这种做法就如同只掌握了片面数据的不满员工一样。如果当他们所认为的重要因素被忽视了，他们就会认为

---

① 美国“政府责任项目”，《揭发者的生存之道》（*Survival Tips for Whistle - blowers*），（1999 年 9 月），www. whistleblower. org。

管理存在舞弊的行为。

如果你遇到了一个举报者，他已经在媒体上发表了他的主张，那你就得立即停止对他采取任何措施，把这一局面交由法律部门处理，因为90%以上的举报者都声称他们的举报行为遭到了报复，如受到了折磨、排斥、降职甚至是解聘。在案子处理期间，你对待举报者的方式需要得到法律部门的指导。

但是让我们假设，你的异议者还没“吹口哨”，虽然在解聘的过程中他可能会这么做。考虑举报的可能性只是为了谨慎起见。但我认为——我知道律师不会赞同我的意见——你不需要对他封锁一切消息，好像在进行一场抢先攻势。这样做实际上只能增加他采取报复行为的倾向。相反，你应该考虑一下我所提的建议。

正确地处理解聘

通常，那些在解聘过程中受到伤害的人会认为经理们之所以这么做，是因为这些经理冷酷无情，甚至认为他们以此为乐。虽然只有少许的一些人会这样认为，但是我觉得这种残酷过程的原因是由于经理们不知道如何用其他的方式处理或者他们是被迫扮演这样一个令人讨厌的角色。

考虑近来你可能已经与这名员工有过无数次的争执，所以你想让自己回避或者至少想避免遭到辱骂一点都不奇怪。你可能会通过或者允许其他部门（如人力资源部门）来宣布解聘的消息，在消息宣布前后都会避免见他，试图在他临走时“哄”他假装开心（“有人会为给他提供工作的事来找你”），或者花大量的时间安排交接工作，但却没有时间去做正事——打理失落和背叛的情感。他们却靠给被解聘人员造成更多的伤害来抚平自己的怨气。

我们回到那个玛丽的例子中，从玛丽的角度来看看这个问题。除非她对人际问题毫无敏感度可言，否则她肯定知道大家不喜欢她。她的同事们可能已经开始排斥她了。虽然她表面上摆出一副虚张声势的样子（“他们的任何要求我都能做到”），但很可能她受到了伤害。并且她也肯定会受到伤害，即使这一切都是她自己惹的祸。同样，请记住，玛丽可能真的确信她的观点是正确的，并且实实在在地面对大家对她的敌意。她肯定会感觉受到了迫害。

当她被丢进这样一个严厉的、冷酷无情的、只知道在保护公司利益而丝毫不尊重她的解聘流程时，她只能感到在她种种不快的经历之上又多了一份苦涩的滋味。但事情本来可以不是也不应该是这样的。你可以建立一个流程，通过你的行为向玛丽传递一个基本的价值信念：你有权维护你的尊严，并且这个流程为你提供尽可能多的自由度，来使你能维护你的尊严。以下一些步骤可以帮助你实现这个目标。

- **尽可能地亲自处理解聘**。广泛、全面地听取人力资源以及法律部门的咨询意见。你可能甚至想让他们陪同你进行这样的会谈。但不论怎么样，你都要亲自主持。因为这是你的决定，你是她的上司，并且她应该从你这里得到这样的消息。
- **获得可能的咨询**。留意员工援助咨询人员或者新职业介绍所。如果你的公司不能为她提供咨询，那就鼓励玛丽去外面解决自己的问题，如与朋友或家人讨论此事。
- **让玛丽自己确定了解细节的时间**。在会谈时告诉玛丽所有劳资细节，这种做法会更简单，并且有些人也想立即知道这些。但是，有些人需要先处理这件事所带来的打击，之后才愿意再了解劳资细节。所以把这个权力交给玛丽，让她决定是想立即知道还是等会后再说。
- **与她讨论宣布她离开后的事宜**。要怎么通知她的同事？是你还是她来做这件事？如果按常规方式下达通知，在下达之前她应该先看一下。需要对宣布这件事给予尊重，但是也就是实事求是。如果每个人都知道她是被解雇的，而你却说："老实说，她其实一直都特想走，早就想得到那一大笔解雇金了。"没人会相信你，并且你也损害了你和这一流程的信誉度。但我并不是说对此不要给予解释（员工可能想知道），但说之前一定要好好想想。
- **给她一段调整的时间**。有些公司当解聘会一开完，就把被解聘人员赶出公司。我认为这种做法不可取。你应该还记得工作还包括社会和感情因素，你应当知道，在这些方面同清点个人物品一样都需要妥当打理。所以在她走之前，可以考虑给她一段调整的时间，让她处理好这些因素。你可能会问："但是如果损坏公司文件，在公司里造成流言蜚语怎么办？"我认为大多数员工不会这么做，但是玛丽一直都很难相处，所以有这种可能性。不过你可以和她谈一谈，比如需要向谁进行文件交接、她会和客户怎么说（如"我们都同意这是个正确的选择离开的时间。毕竟，没人会一辈子只在一个公司工作，对我来说，现在离开正是时候。"）。确定她不能也不会做你不赞同的事，否则你就会立即结束她的调整期。但不管怎么说，首要的一点就是在这一段调整期内，不要表现得好像这里已经没有玛丽这个人了，你还是应该继续像从前一样与她交谈。

- **处理物品交接**。交回胸卡或手机这些事可能是小事，但它们却是终止雇佣关系的象征。对于这些有象征意义的行为，你在处理时应该尽量谨慎从事。与玛丽再谈谈，与她商定交接的时间、地点。对她来说，是不是把物品交到人事部门要比送回办公室简单得多？她是愿意日后找时间把东西送来，还是愿意在调整期内就做好交接手续？

其他员工的反应

你可能会想：“不错，这些做法听上去不错，但现实点，一旦她走出了这个大门，她就不再是我所关心的对象了。”但我认为我们应该好好对待要走的员工，原因很简单，因为这样是正确的。光这一个原因就足够了。另外，其他员工也会拭目以待地看你如何对待这位曾经给你找过麻烦的人，并且他们还会从中得到相应的结论。如果你对她不好，他们就会认为你也会这样对待他们。员工们会从你决定解聘玛丽之前、之中以及她走后你对她的所言所行中得出结论，看你是不是一个负责任、会不会对曾经给你找过麻烦的员工实施报复的人。

麻烦过程中

通常，在解聘前的那段时间里，你与玛丽所产生的种种麻烦就已经众所周知了。她可能会到处为自己拉“选票”，向同事抱怨你的种种不是。很自然，她会为自己的行为辩解、加以粉饰。

对于我们所讨论的这种人，其他同事可能会不喜欢她，并且会希望你能制止她。然而，如果他们不断地只听她的一面之词，他们就会开始怀疑这是不是就是事情的真相。另外，他们也想知道，你对她采取措施的原因是因为她出口伤人、藐视别人。当他们确信了这一点，他们才会更可能相信你不是因为她对其他人说出“真相”才对她采取“硬”的措施。

但不幸的是，虽然他们需要知道真正的原因，并且你也想安抚他们，可你却不能这么做。你和玛丽之间存在的问题必须保密。如果你说了，你就违背了你的管理职责。即使其他员工主动地鼓励你这么做，你也必须对此守口如瓶。

你：所以我们能收工了?

邓肯：对，我想是的。我以后会和你谈 Maxwell 软件的事。(停顿)你那边怎么样?

你：和以前一样忙。

邓肯：看起来玛丽的事让你忙得够呛吧。

你：是呀，我很忙，有很多事要做。

邓肯：我只想让你知道，我们其他人都支持你把她辞退。

你：邓肯，我知道你们是好意，但我不想谈目前发生的事，你知道我的观点是“扬善于公堂规过于私室”。

邓肯：是呀，但是我只是觉得你应该知道她是怎么说你的……

你：邓肯，我知道你想帮我，我对此非常感谢。但是我觉得我们不该谈这个。

邓肯：但是她真的说你坏话来着。

你：我很遗憾她这么做，我真希望我能澄清事实，但我必须尊重她的隐私权。

邓肯：你确定……

你：是的，我确定。但是，还是谢谢你。

我明白你非常想知道玛丽对你的胡言乱语以及她现在的状况。但是别问。不管怎么说，至少你会从你的观点出发，可能会对听到的有一点扭曲理解。并且如果你试图去纠正他们的错误印象，玛丽则有权认为你违背保密条例。所以在这种情况下，还是不知道的为好。

邓肯不止一次地试图让你谈论玛丽的事。这是另一种你可能会违反规定的情况。不管他说什么你只要牢记两件事：你知道他是好意，并且如果你透露了有关情景，你就违反了保密条例。如果你能做到这一点，你甚至都能够回避明确地承认你和玛丽之间存在问题。当然如果是暗示，比如像“我真希望我能澄清事实”，这没关系，只要你对第三方所说的话不会起到火上浇油的作用就行了。

邓肯想与你讨论这件事，可能是出于他对你的忠诚，也可能是因为他想知道更多的内幕消息，你拒绝，他可能在心理上也会有种解脱。即使员工想知道这些内幕，如果你违背了保密原则，这样做了，就会动摇你在他们心目中的信誉度。因为如果你想谈的话，你肯定也会用同样鬼鬼祟祟的口气来谈论此事。

你可以做些事来表示你对玛丽的处理是诚实的、适当的。你可以继续与玛丽礼貌地谈论工作上的事，与她愉快地打招呼如“早上好”“再见”，邀请她参与临时的会谈，询问她的意见等。虽然听上去都是些小事，但这却能在很大程度上改变你现在的工作环境，使人们不用再在猜疑中度日。

他们最可能看到的情况是，虽然玛丽表现得缺乏风度，但你仍然一如既往地把玛丽当做其他员工一样对待。她可能会不跟你打招呼，拒绝参加你在场的任何活动，要不就是只要你在场她就保持沉默。即使她这样对你也没关系——因为她感觉受伤了，她想把它表现出来。但是，你可以通过你在公开场合对她的态度来表示你在私下里的谈话中也会公平地对待她。所以，尽管她散布谣言，大家也会对你给予公正的评价。

解聘阶段

尽管解聘是意料之中的事，甚至是众望所归，但是解聘一名员工还是会在团队中掀起波澜。下岗是一回事，但是解聘明显是针对个人。

虽然大家不喜欢异议者，但这仍然会引发大家的不安。员工会想：“这意味着什么？没错，玛丽在某些方面的确过分，但是难道管理层就这样惩罚直言不讳的人？”如果他们认为这最后一个问题的回答是“是”的话，那你就正处在潜在异议的边缘，并且创新也就危在旦夕。

你需要表示你行动的正确性和适当性。虽然你不能讨论细节，但你可以说一下一旦玛丽离开后的大概情况。如果不这样做，就会导致形成一种环境，大家会感觉总有些事不能阐明，这样也就不能得创新。所以在员工大会上，你可以这样说：“你们大家已经知道了，玛丽离开了公司。如果谈论这其中的细节，那对她不公平，但我想让你们知道这是一个艰难的调整。不过，我可以向你们保证，她离开公司的原因绝不是因为她直截了当地指出某些在她看来是不对的事。正相反，我认为这是一个非常值得鼓励的品德。”有时可能会问你她离开公司的原因，但你不用回答。“抱歉，邓肯，如果我回答了，我就违背了保密原则。但我想明确一点，那就是我继续我们以往对事情进行讨论的做法。”

事 后

即使当玛丽离开之后，员工也会一直拭目以待地看你是否会真的履行你的诺言。即使你按我说的做了，即使你许诺的时候他们相信了，即使从大体上说他们喜欢你、尊重你，他们也会这么做。他们仍然需要确信你没突然变成“怪异的控制狂”，玛丽不是一连串伤亡者中的第一个。

在玛丽走后的几周里，你要特别注意你鼓励异议的程度与次数。不断地反思自己是否将工作重心放在重要日程上，鼓励他们提出反对意见。事实上，你可以坦率地要求大家这样做。你可以说：“各位，这个计划可能有一个缺陷，谁来说说看。”或者“好了，我想花几分钟请大家分析一下这件事失败的原因。”

一旦员工们看出你还是那个原来的你，他们就会放松下来，并且会得出这样的结论，你是在说实话，你愿意创造一个公开的组织环境。虽然他们不会对你这样说，但你可以感觉到这一点，因为气氛又很快地回到了玛丽走之前的轻松自由状态。

概 要

真正伟大的领导者的标志就是能够用宽容、尊重的态度来处理棘手的决策。最难做的，也是最难处理好的一个决定就是解聘异议者。但是在这个过程中，你可以做到最大限度地尊重他，同时尽可能地减少由这项决定可能给团队的其他员工带来的危害，真正达到一个有效的结果。

要 点

- 在有正当理由的情况下，经理人需要对员工问题持强硬的态度。
- 应该解聘那些潜在的、出口伤人的以及藐视别人的异议者。
- 解聘流程需要法律和人力资源部门的参与，但你也应该承担起掌握和控制这一流程的责任。
- 要处理好解聘过程，应该让被解聘人员知道他们有权在这个过程中维护尊严。
- 同处理好解聘过程一样，也应该同样处理好留下来的员工的反应。

附录
高速成长公司的组织结构

组织结构是公司文化中最为显著的一个方面。毫不奇怪、高速成长公司结构会以多种方式强调非正规性、灵活性和变动性。

建设网络关系而不是等级制

高速成长公司成功的秘决在于知人善任。无论组织结构表的内容是什么，身在组织中的人绝不会把它看作金字塔、数列或是其他什么粗略模式，他们更愿意将之视为一个动态的网络。局外人员会看到结构中的一个个团体，而出色的业内管理者则注重个人之间保持联系的方式。

事实上所有组织中都存在这种网络。明显的证据是：许多成熟型公司在相对合理的期限内不可能达到它们的目标，直到雇员们确实建立起自己的非正式结构以克服正规制度的陈旧和惰性。

不同的是，在成熟型公司中，正规与非正规体系经常处于竞争状态。而在成功的高速成长公司中，非正式的网络体系正好支撑正规体系（见图表

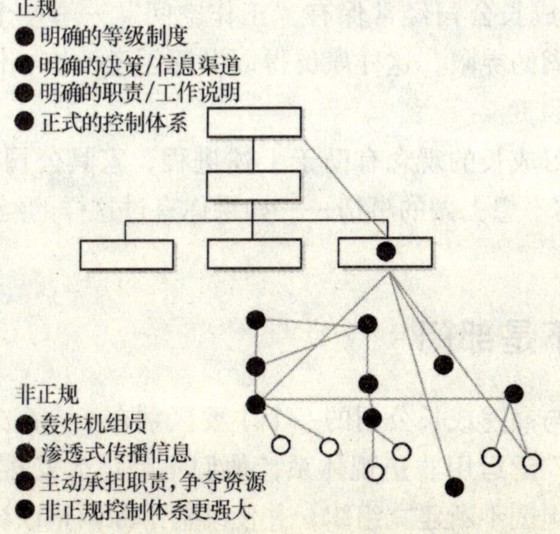

图 10.1　网络组织

10.1)，它们成了保持组织凝聚力的因素。

案例：组织的凝聚力

传递设备公司分为一个本地的工程设计公司和一个国际通用器件公司。它长期保持在单一项目基础上运作。就像一个高级项目经理所说："我了解谁都能做些什么，也知道当他们说他们想去做时我该交给谁去做，分成两个公司对此没有什么影响。"

所以，传递设备公司一直能从运营器件公司获取利润，而又不失去来自工程设计公司的有价值的回报。

不需要组织结构图和工作说明

相对减少具体、正式的工作说明将有助于高速成长公司中的网络体系保持灵活性和有效性。它鼓励雇员在灵感迸发时采取行动，只要符合于公司的指导原则就行。

等级障碍并不是严重问题。在正规的等级制度中，一个初级经理也可以越级行事，因为他觉得自己的行为会受上司的赏识，即使弄错也能被容忍。而更多的成熟型公司通常以明确工作职责的方式禁止这种自由交流。它们很有效率地告知雇员什么是不能做的。一旦工作说明被制定公布，创业技术和精神就会迅速地消散了。

相反，高速成长公司经常保有"工作空间"——一个负有责任的宽泛领域。它只有模糊的界限，这样雇员得以发挥创意，核心任务一完成，就会去寻找新的工作职责。

在工作中学习成长的观念有助于上述进程，家具公司流传着一句名言："经验来自于你本不想去做的事情——如果你有过这样的经验。"

组织好人而不是部门

稳定型公司与高速成长公司的一个主要区别在于，高速成长公司的管理者们经常有意地广泛运用非正规体系，他们不是把人安排到组织结构中去，而是在关键人物周围不断建立组织，并使结构不断调整以容纳新的构成。

这些人很快就会成为网络的一部分，在整个公司形成一个复杂的非正规和半正规蛛网式联系体系之前，他们会首先形成自己的网络关系，在这样一种条件下，避免死脑筋就会容易一些。确实有些很有才干的副手在采取下一步行动之前，必定要等其上司发话再行动。

高速成长公司天生需求旺盛，它们绝不能容忍雇员死脑筋。相反，它们必然会为雇员发展和运用其才能创造机会。

公司的新雇员必须尽快建立自己的关系网以求生存，如果他受欢迎，做到这一点就很容易，如果他是强行塞过来的，问题就麻烦了。所以，如果控股公司想要用一个总部官僚人员来替换原公司的创业人，并试图“整顿一下这个地方”，这通常都是要遭到挫折的。

由于组织机构中没有关于确定未来情况的明确规定，所以网络体系很可能排斥那些容易犯错的强行闯入者。解决这个问题的惟一方法就是把组织官僚制度化，但这样也就终止了高速发展。

高速成长公司中的资源分配要比稳定型公司的复杂得多。资源分配不是通过一个明确的等级分配制度实现的，而是通过群体协作的网络体系实现的。

说服、补偿、分红都是必要手段。不参与资源分配的人才，对其他雇员有直接影响。

为“轰炸机组员们”创造发展机会

正式或非正式的项目组构成了“轰炸机组员”的产生基础，这种称谓源自于空战队，是指代那些出生入死、具有丰富作战经验的飞行员们。实际上它的意思是告诉人们，每个人必须全身心地投入去赢得成功，如果有人做不到，那么下次任务中他就可能被筛掉。团队会因此而形成长达数十年的相互信任。在高速成长公司中，经历了一系列的“不可完成的任务”之后，“轰炸机组员们”就会出现。

如果出现一个金子般的机会或是一次危机（比如说，如何在不到一半正常时间内完成产品的设计构思?)，人们总是习惯于加入到团队中去解决这个问题，不管是在正式的项目组中，还是在非正规的任务小组中。

随之他们共同紧密而深入地开展工作，他们会形成一种普遍的理解，一种了解团队中其他成员会如何应付各种情况的直觉：他们互相敬重对方的才干并建立起信任关系，这使他们比任何正规团体可能达到的更为强大。

随着公司的扩张，对许多人来说在整个公司内保持有效的网络关系将变得日益困难。尤其是身处等级日益增多的正规机构底层的那些人，更为困难。你可能会非常沮丧地发现，自己的网络关系成为公司整体中越来越小的一部分。

对于雇员尤其是那些从总部派到经营单位的人来说，帮助他们的方法就是扩展其网络关系——加入项目组或是工作班组。

案例：发展并维护“轰炸机组员”的环境

全天候电视公司在初期与时间竞争，克服多种困难以维持公司生存的工作中，形成了一批强大的“轰炸机组员”——尽管他们中没有人意识这一点。在全天候电视公司中，当技术联盟（ACTT）作出敌对的行业行为时，不仅高层领导们更加团结一致，而且整个管理队伍迅速担负起技术性工作以确保电视正常播发。

然而，随着时间流逝和公司规模的扩大，每个人都发现维持这种“轰炸机组员”的环境越来越困难。如果指导原则和价值观念并不那么强有力的话，人们对安全感的需要就经常演变为对明确可辨的组织结构的要求。

例如，一个经理曾描述说：“人们需要的是对安全可靠的公司文化实实在在的感觉；如果没有一种归属感，他们会感觉自己很脆弱，只有超过一定年龄，某些人才会不再有这种感觉……于是在所有层次上，常规惯例都开始发挥作用，而这就是我的工作吗？谁去承担职责呢？”于是，人们开始划清职责，然后自扫门前雪。

对此，现在仍在实施的解决方法就是使最高管理层的观念发生转变——公司本身不再是产品，而应视为一个组织。最高管理层必须在每个方面都把自己树立为一个出色的雇主的形象，不断发展勇于开拓的“轰炸机组员”，并有目的地招募那些厌倦教条主义和等级制度的人。

发展家庭式纽带

大多数人需要归属感。就业通常能满足这种需要，但没有比高速成长公司还好的地方能更彻底地满足这种需要。如果创建者有着强烈的信念原则和清晰的价值观念，并且通过表象化行为充分展现出来；如果成功地培养出“轰炸机组员们”，分享着一个共同的信念，那么公司就会成为雇员家庭生活的一部分。

这种强烈的归属感扩大了雇员的家庭和群体生活的概念，也解释了为什么在许多高速成长公司中都有工作至深夜的雇员——他们甚至在周末加班工作时除了工作餐以外毫无索求。

就像一位总裁说的那样："普通雇员贡献了70%，他们却贡献了120%——我几乎愧不敢当"。

因此，工作的自主性已经部分取代了工作的职责性。

案例：工作自主性

包装公司的一个坚定观念就是赋予雇员最大的工作自主权。它弃置了工作时间制度，充分相信雇员能完成工作——不论时间长短。结果是：那些已经表现出工作热情的雇员在工作上投入了更多的精力，在晚上和周末加班的情况十分普遍。

为了使这些精英们保持精力，包装公司提倡雇员在疲劳期削减工作时间，并保证公司可以考虑雇员在工作时间内处理家庭紧急需求的优先权。

如果雇员为了满足客户的要求而额外付出了辛勤的劳动，包装公司就会通过不同方式向他及其家人一并表示感谢：在某个工作期结束的那天把一束鲜花送到雇员家中，或是由公司付费请他的全家在宾馆就餐，再者，为他全家的星期度假支付费用。包装公司还会提供一些社会性支出，它们由雇员集体掌管，用于非工作事宜，比如划船出海或是保龄球比赛，而且通常都邀请雇员全家人参加。

绝不让等级制度生根

胜利常常招致满足。如果公司的自动排斥功能无法迅速有力地消除人们的官僚主义倾向，他们很快就会开始在公司内确定正规的组织结构。这些僵硬的组织结构就象软组织中的肿块，必须在扩散之前就迅速清理掉。

问题的根源出自于高速成长公司的动力体系——它的坚定信念和"轰炸机组员们"而不是那些新经理、新雇员们。他们刚加入到公司时经常会感到自己像个局外人，因为他们还没有被非正规组织结构和价值观念体系所接受。

但是，如果不能被"轰炸机组员们"接受而成为其中一员，这些雇员就会寻求其他明确可靠的东西为依靠。于是，他们会招收新雇员，向他们灌输自己的信念，或行通过制定规则．确认工作职责来满足自己对安全感的需要。事实上他们常常是双管齐下。

这样，公司中就会出现若干小的官僚机构，它们会形成与公司其他组织相反的信念和工作作风，并因此很快导致对立。当其他人讨论灵活性的问题时，他们会嘲笑这些人是业余选：“他们无法正确工作”。当其他人凭直觉行事时，他们会要求提供事实和数据，并且拒绝支持任何“不着边际的幻想”：

一旦这些官僚组织形成，几乎就不可能再使之转变成高速发展型模式。他们会变得日益独立起来，并随着官僚主义倾向的发展而壮大起来。他们会在内部培养忠诚信念——这来自于在充满敌意的环境中的那种孤立感，并因此排斥热衷于高速发展的雇员们。这种忠诚会随着他们的孤立程度一同增加。

在大型高速成长公司中，同时并存两种信念是一个危险问题。比如，当海外分公司持续发展壮大时，国内公司却在走下坡路，后者会因此产生怀旧情绪，它常使人不思进取。

事实上，在公司总部职员中最容易形成一个庞大而且起主导作用的官僚群体。而且他们具有发展所需的经济和道义卜的后盾，因为最高管理层认为，只有首先紧密地控制住他们才可能控制好整个公司。

解决办法

这是一个很难完成的任务，因为所有市场迟早都要进入成熟期，或者接受这样的事实：必须在国内市场实行经营多元化，这意味着以下属不熟悉的方式发展业务并且会与核心业务发生冲突；或者接受另一个事实：国内市场容量过小，必须走国际化发展道路。

对后者而言，高速成长公司能够保持发展动力并强化核心业务的方式有：

◇ 鼓励在总部、分公司和国内公司中实行工作轮换制，以促进经验自由交流。

◇ 将公司划分为更小的单位，并把总部职员分派进去，这将有助于防范官僚主义。

◇ 在具有技术和竞争力的条件下开展新业务，保持新业务的独立经营以避免干扰核心业务。但是这可能使部分雇员失去工作重心。

◇ 与欠发达国家合建联营企业，并把国内公司的雇员调来负责。这些雇员会因此重新找回“过去美好时光”的感觉，并成为新的“轰炸机组员”。

案例：拆散等级化的小团体

家具公司在总部设有一个信息技术部，它为所有零售店提供服务。它的成员很快就达到了500人，但是一线经理却越来越多地抱怨“花了很多钱，却什么都干不了”。

家具公司从一线经理中任命了一个新的管理经理。在六个月内，他把信息技术部划分为6个单位：

◇ 其中三个单位联合负责库房机构方面。在这里，新经理决定将计算机中心控制系统改为互联网上的分散管理系统。

◇ 另两个单位专职负责计算机系统，为整个销售部和总部提供服务。

◇ 最后是信息技术部的指导单位，负责数据库和确定数据交流标准。它只有5名雇员，外加一个小型顾问团。在组合信息技术部的首脑与一线职员的过程中，信息技术部的人被有意地安排在一线职员旁边。这使得他们很快领悟到一线经营的观念（顾客至上，没有解决不了的问题），否则就会在一年内被辞退。其中一些人后来甚至离开信息技术部去做一线经理。为了替换这些人，信息技术部招收了新雇员，其中包括一些曾在早期成为“信息技术部官僚主义”牺牲品的一线职员。

建立外部网络关系

包括家庭纽带的网络结构似乎能创造出新的资源——这只不过是由于人们乐于帮助别人。那么，为什么不把这种因素加入到内部网络关系中去呢？

实际上，许多高速成长公司成功的关键在于其有能力建立外部网络关系以获取免费而实用的帮助。一般达到这个目的的方式有：

◇ 邀请客户、供应商、分销商、合作者和雇员出席社交活动。

◇ 与客户和供应商一道管理调研开发项目，并共同庆贺项目的成功。

◇ 邀请供应商、客户及其公司各层次的职员参观高速成长公司。

◇ 邀请有影响力的客户、广告商和业内人士商议投标事宜并且/或者加入董事会或技术顾问委员会。

◇ 创建者应该表现得像一名外交官，而不再囿于内部管理事务。

◇ 网络关系的创建应该包括一系列的合作者，尤其是客户：高速成长公司需要确立长期的客户关系，这有助于稳定提高产品和服务质量。这一点通常要求：说服客户考虑长期合同，创立联合开发项目并且/或者赢得客户对新产品或换代产品的经济支持。

分包商：运用分包商所提供的灵活性可能是网络关系运作的最普遍的例子。不过，以分包形式分散风险要求社会关系网，具有很强的控制力以保证质量，并能承受高速发展必然带来的产量波动。

招募到确实想发展壮大的支持者，对高速成长公司来说也是很重要的。这一点的确是个问题：分包商们并不想扩张。他们可能更希望保持稳定，安全经营。

分销商：对高速成长公司来说，建立分销网络是至关重要的。他们必须迅速确定分销渠道，但一定要保证他们不是在培养一个潜在的竞争对手。

关键在于，一定要确定这些本地的合作者对高速成长公司的忠诚度要高于他们对利润的渴望程度。这种忠诚可以以多种方式确立，包括：向合作公司的职员宣传本公司和本公司的产品，或者与合作公司老板及其家庭建立私人关系。

在培养忠诚的过程同时，当然也要运用传统的控制手段，比如特许条款、财政支助（例如提供全部设备）以及累进分红制。

案例：确立商业伙伴的忠诚

门窗公司与当地独立的零销商签订专卖协议以使它们成为自己的分销商。合同本身并没有赋予门窗公司对其合作者以过多的控制权。但是通过其他渠道，它确实获得了必要程度的控制力，在自己的营销、生产、后勤部门以及当地分部与这些分销商之间建立了紧密的联系。门窗公司使用了下述策略：

◇ 营销部、调研开发部和生产部以及其他一些经理共同商讨，解决客户提出的主要质量问题。然后门窗公司的职员陪同合作公司的职员一同前往客户的住处，解决问题并提出专门意见。这就提高了合作公司的形象，由此必然加深了紧密联系关系。

◇ 当合作公司遇到麻烦时，不论是否涉及合同内容，门窗公司都会帮其解困。

◇ 提倡公司分部和零售商之间建立非正式的互助关系网。并且邀请他们参加有关营销计划的专家研讨会。

◇“宣传销售”不仅针对雇员个人，而且以产品为目标，尽力确立某种忠诚。

◇ 以信息技术系统支持分销商。让这种支持达到非常有效的程度，以致于一旦分销商习惯于接受信息帮助就再也不能脱离。例如，门窗公司发展了一种电脑控制设计系统，它可以使供货时间从几天降到几小时。而且还建立了存货控制系统，向老客户提供合理的付货次数。

如果关键人物离开了，那些试图回报的恩惠和私人关系就得重新建立。但是其他的网络建设工作仍旧是以保证控制力为主。而且，这些关系网建设工作所带来的名声确实有助于门窗公司吸引新的商业合作者。

北京科文剑桥图书有限公司

书名	著(译)者	定(估)价	出版日期
励志类			
永生的信物	许韬	16.00	2004.1
飞翔的色彩	(美)蒂姆·里芬斯	18.00	2004.5
沟通·职场系列			
谈判是什么	**(英)盖温·肯尼迪**	**29.0**	**2004.10**
财富大家	**湖南卫视《财富中国》栏目组**	**28.0**	**2005.1**
这样的员工辞职吗——彼德原理的职场妙用	(美)劳伦斯·彼得	18.0	2004.5
想去外企上班	(美)彼得·韦鲁基	9.8	2004.4
下一个轮到你	(美)埃勒瑞·萨姆森	9.8	2004.4
立竿就能见影	(美)艾伦·亚瑟罗德　吉姆·杰荷	9.8	2004.4
好好准备面试	(美)罗恩·弗莱	9.8	2004.4
不要这样好吗	(美)艾伦·亚瑟罗德　吉姆·杰荷	9.8	2004.4
说的就是好听	(美)彼得·汤姆森	9.8	2004.4
好工作要这样找	(美)里奇·米勒	9.8	2004.4
其实我讨厌你	(美)艾伦·亚瑟罗德　吉姆·杰荷	9.8	2004.4
不——职场中的拒绝艺术	(美)艾伦·亚瑟罗德	16.80	2004.1
谈判的真理	(英)盖温·肯尼迪	25.00	2004.1
30秒应对傲客	(美)艾伦·亚瑟罗德　吉姆·杰荷	16.80	2003.1
外企求职捷径—走出误区	胡江波、吴文辉编	19.00	2002.7
外企面试常见问题及解答(中英文对照)	(美)彼特·韦鲁基	22.00	2003.1
面试轻松过关	(美)罗恩·弗莱	14.00	2001.8
营销系列			
新型消费者营销	**(英)苏珊·贝克尔**	**48.00**	**2005.1**
创建强势品牌	**(美)戴维·阿克**	**28.00**	**2004.5**
服务竞争优势——制定创新型服务战略和计划	(瑞典)安德斯·古斯塔夫松　麦克尔·约翰逊	24.00	2004.5
创意——并非广告人独享的文安饕餮	(美)詹姆斯·韦伯·杨	16.00	2004.5
技术销售顾问实用手册	(美)里克·格林沃德 詹姆斯·米格伯瑞	48.00	2004.5
赢销战	李亚编著	24.00	2004.4
大客户:识别、选择和管理	(英)彼得·查维顿	29.80	2004.1
聪明人鬼点子系列:提升企业形象	(英)蒂莫西·RV·福斯特	15.00	2004.6
聪明人鬼点子系列:妙用口碑营销	(美)古德弗瑞·哈瑞斯 格里格瑞·哈瑞斯	15.00	2004.6
聪明人鬼点子系列:抓住更多商机	(英)蒂莫西·RV·福斯特	15.00	2004.6

聪明人鬼点子系列：赢得忠诚顾客	（美）保罗·蒂姆	15.00	2004.6
聪明人鬼点子系列：获得更多利润	（英）大卫·李	15.00	2004.6
如何制定营销计划（中英文对照）	（英）约翰·韦斯特伍德	24.00	2003.5
广告企划的艺术	（英）斯蒂尔	35.00	2003.1（2印）
新产品市场营销	（美）琳达·平森等	29.00	2003.1
旅游业市场营销	（美）劳乃尔·贝克勒	32.00	2002.4
英国IPA广告培训教程	（英）莱斯利·巴特菲尔德	32.00	2002.4
公司广告运作	（英）罗德里克·怀特	24.00	2002.1
少儿用品品牌营销	（美）基思·德尔·威切欧特	16.00	2002.1
赊销管理圣经	（英）波特·爱德华	28.00	2002.1
产品经理的营销计划	（美）唐纳德·R·莱曼	24.00	2003.1
低费用的市场营销	英国市场营销协会编	26.00	2002.1
创建销售渠道优势	（美）英伦斯·弗里德曼	24.00	2002.9
最大化营销	（美）斯坦·拉普等	25.00	2001.2
向女性推销	（英）卡罗尔·纳尔森	18.00	2001.2
市场调研	（英）保罗·海格等	20.00	2002.1
B TO B 营销	（美）拜端·斯丽斯丁	30.80	2001.10
E-mail 营销	（美）莎依·金纳德	22.80	2001.10
忠诚营销	（美）凯瑟临·辛德尔	24.80	2001.10

管理系列

组织变革	（美）W. 沃纳·伯克　著	38.00	2005.1
退出战略	（英）约翰·霍基　著	58.00	2005.1
凯洛格论技术和创新	（美）兰杰·格拉特等 著	58.00	2004.9
普华永道论变革型领导力	普华永道变革整合小组	48.00	2004.9
成为更出色的经理	（英）麦克尔·阿姆斯特朗	26.00	2004.5
服务竞争优势——制定创新型服务战略和计划	（瑞典）安德斯·古斯塔夫松　麦克尔·约翰逊	24.00	2004.5
明茨伯格论管理	亨利·明茨伯格	48.00	2004.5
企业决策管理	（美）弗兰克·耶茨	24.00	2004.3
管理是什么	（英）悉尔·M·格拉斯	32.00	2004.3
战略是什么	（英）理查德·惠廷顿	28.00	2004.3
公司治理与评级系统	李存修　柯承恩	48.00	2004.1
公司定位	（美）杰克·泰斯默	25.00	2004.1
企业管理表格手册(附光盘)	英国企业管理协会编	45.00	2003.7
第五项修炼教程：学习型组织的应用	（美）伯特·弗雷德曼等	29.00	2003.1
马斯洛论管理	（美）亚伯拉罕·马斯洛	29.00	2004.5
战略管理方法：定性与定量分析	（美）若热·瓦斯康塞洛斯·伊·萨	22.00	2003.1
产品经理手册	（英）琳达·葛彻尔斯	24.00	2002.1
把公司搬上网：企业网络经营生存指南（精装）	（美）乔纳栗·伊佐	20.00	2002.1
跨国经营失败案例	（美）戴维·A·里克斯	14.00	2001.2
美国女经理人的管理策略	（美）凯罗·加拉赫	26.00	2002.1
米奇的魔杖：迪斯尼的经营之道	（美）比尔·卡波达戈利等	19.80	2003.2

战略采购管理	（美）蒂莫西·M·拉塞特	25.00	2003.1
项目经理的MBA:从策划到成功	（美）菲利普·特利文	24.00	2003.1
ISO14000 执行手册	（美）詹姆斯·哈灵顿	28.00	2003.1
管理悖论：高绩效公司的管理革新	普华永道变革整合小组	29.00	2003.1
咨询系列			
从培训讲台到咨询现场	**（美）凯洛琳·尼尔松**	**28.00**	**2004.5**
高绩效咨询	（美）罗伯特·谢弗	28.00	2004.3
咨询项目建议书写作指南	（美）赫尔曼·霍尔茨	38.00	2004.5
管理咨询：优绩通鉴（第二版）	（英）菲利浦·萨德勒主编	48.00	2004.1
完美咨询:咨询顾问的圣经	（美）彼得·布洛克	39.00	2004.3
创建咨询公司：从起步到成功	（美）阿兰·卫斯	22.00	2004.1
造就卓越的咨询顾问	（美）杰伊·A·贝切斯	18.00	2003.1
人力资源管理系列			
招聘！招聘！得到你想要的员工	（美）凯文·克林维克斯 马修·奥康内尔	15.00	2004.5
激励！激励！发掘员工最大潜能	（美）安妮·布鲁斯 詹姆斯·伯比顿	15.00	2004.5
培训！培训！推动员工持续进步	（英）彼得·哈尼 罗杰·贝内特	15.00	2004.5
绩效！绩效！如何考评员工表现	（美）罗伯特·巴克沃	15.00	2004.5
团队！团队！游戏培养合作精神	（美）斯沃塞乐姆·撒格莱恩 格伦·帕克	15.00	2004.5
转型：与企业战略匹配的人力资源管理	（美）琳达·霍尔比契	45.00	2004.3
留驻核心员工	（美）利·布拉纳姆	22.00	2004.1
高绩效团队训练法	（英）托马斯·G·克兰	18.00	2002.1
创业系列			
青年创业指南：建立和经营自已的企业	（美）史蒂夫·马若堤	29.00	2004.4
合伙还是单干：成功合伙的 8 个秘密	（美）阿兹里娜·杰夫	25.00	2003.1
创业融资商业计划	（英）约瑟夫·科万罗等	25.00	2003.1
金融·财会系列			
无形财富（精装）	（美）玛格丽特·布莱尔 史蒂文沃曼	38.00	2004.5
无形资产（精装）	（美）巴鲁·列弗	48.00	2004.1
财务报表分析及案例	（美）科斯特斯等	22.00	2002.4
中小企业财务管理	（英）科林·科罗	18.00	2002.9
金融市场风险及监管	（美）理查德·德尔	28.00	2002.1
零重力：高科技风险投资与上市(精装)	（美）史蒂夫·哈蒙	45.80	2001.2
个人理财系列			
笑傲股市（第三版）	（美）威康·奥尼尔	26.00	2004.3
股票技术分析新思维	（美）瑞克·贝辛格尔	28.00	2004.3
专业投机原理（第三版）	（美）约克多·斯波朗迪	38.00	2004.3
证券混沌操作法	（美）比尔·威廉姆	19.00	2004.3
股票 K 线战法（第三版）	（美）史蒂夫·尼森	28.00	2004.3

固定收益证券	（美）布鲁斯·塔克	48.00	2002.7
变波投资：筛选下一只超常增长股	（美）托宾·史密斯	15.00	2002.1
财富新时代：投资者如何从未来经济的五大趋势中获	（美）布赖恩·S·韦斯伯里	22.00	2001.9
与财富有约：个人投资组合方略	（美）塞米尔·凯斯	24.00	2001.9
汇市圣经	黄荣灿	19.00	2001.9
传媒管理系列			
报纸经营与管理	**（美）康拉德·芬克 著**	**45.00**	**2005.1**
杂志经营与管理	**（美）谢里尔·伍达德 著**	**32.00**	**2005.1**
电台经营与管理	**（美）迈克尔·基斯**	**45.00**	**2005.1**
高管商学院			
数据挖掘	**（美）迈克尔·贝里**	**48.00**	**2004.10**
税收与企业战略	**（美）迈伦·斯科尔斯**	**45.00**	**2004.10**
价值评估	**（美）阿斯沃斯·达蒙德理**	**45.00**	**2004.10**
运作管理	**（美）罗杰·施罗德**	**48.00**	**2004.10**
产品管理	**（美）唐纳德·莱曼**	**48.00**	**2004.10**
公司治理	**（美）罗伯特·蒙克斯**	**48.00**	**2004.10**
全美最新工商管理权威教材系列			
战略管理（第13版）	**（美）亚瑟·A·汤姆森**	**43.00**	**2005.1**
精通战略——企业战略前沿问题	芝加哥大学商学院等 合著	68.00	2004.5
管理学（第5版）	（美）托马斯·S·贝特曼	53.00	2003.9（5印）
公司治理（第2版）	（美）罗伯特·蒙古斯	39.00	2004.1（首印）
经济学（第14版）	(美)坎贝尔·R·麦克康奈尔	69.00	2004.6
战略人力资源管理	（美）杰弗里·梅洛	39.00	2004.5
商业和经济统计学	（美）詹姆斯·麦克莱夫	79.00	2004.5
营销精要（第8版）	（美）威廉·D·皮诺特	59.00	2004.6
市场营销管理	（美）约翰·A·昆克	49.00	2004.6
销售队伍管理（第10版）	（美）斯坦顿	39.00	2004.6
产品管理（第2版）	（美）唐纳德·R·莱曼	39.00	2004.6
营销调研（第7版）	（美）戴维·阿克	69.00	2004.1（首印）
数据挖掘	（美）迈克尔·贝里	38.00	2004.1（首印）
税收和企业战略（第2版）	（美）斯科尔斯	49.00	2004.1（首印）
价值评估	（美）达蒙德理	43.00	2003.1（首印）
投资学	（美）汉姆·列维	69.00	2004.6
精通投资——全球投资前沿问题	（英）詹姆斯·皮克福德主编	68.00	2004.5
财务案例（第11版）	（美）W·凯斯特	58.00	2004.6
会计学（第9版）	（美）罗伯特·N·安索尼	29.00	2004.6
管理会计（第4版）	（美）唐·R·汉森	69.00	2004.6
财务报表分析（第5版）	（美）伯恩斯坦	38.00	2002.3（3印）
运作管理（第4版）	（美）罗杰·施罗德	59.00	2003.9（3印）
财务管理分析(新版·第6版)	（美）罗伯特·G·希金斯	38.00	2003.1（首印）